【清】

清朝的诞生	79
入　关	85
明末清初三先生	92
"国姓爷"的战斗	98

从少年天子到圣祖皇帝	105
"十全老人"的盛世	112
秋狝与南巡	119
始信须眉等巾帼	126

明清大事年表　　　　　　　　133

引 言

这一卷《少年简读中国史》所涉及的时段(明代到清代前中期),是一个对我们而言既遥远又接近的时代。它起自1368年明朝建立,这距今已有650多年之久;而下迄鸦片战争爆发(1840)前夕,已经到了中国近现代史的大门前。那么,在这段历史中,什么是我们这本小书所希望呈现给大家的?

首先,我们能看到明清两个大一统王朝的兴衰。在元朝短暂的统治崩溃之后,朱元璋建立的明朝统一了全国。明朝前期国势强盛,是雄踞东亚大陆的强国。但明朝中后期逐渐陷入了内忧外患之中,以至于在农民起义下覆亡。崛起于东北的清朝趁机入主中原,并在康熙、雍正、乾隆三朝达到鼎盛,奠定了现今统一多民族国家的版图。

更进一步,我们能看王朝兴衰背后的特点。明清达到了中国古代君主专制的巅峰。明初,围绕皇权建立起了完备的中央与地方行政、卫所驻军、赋役里甲等制度,把整个国家都牢牢管了起来。但后来的皇帝缺乏开国初期君主们的才干,到了明朝中后期,内阁中枢的文臣、飞扬跋扈的宦官、朝野清议的士人、深居宫廷的皇帝之间,经常上演着权力斗争的戏码。清朝的皇帝通过密折、军机处等手段更加牢固地掌握了权力。他们更加勤政,也更加专制,令士人闻之色变的文字狱与繁华的"康雍乾盛世"互为表里。

走出朝堂,把视角再往"下"移,我们能看到明清是普通大众活跃的时代。除了改朝换代的战乱时期,上百年的太平安定带来了社会经济的大繁荣,以工匠、商人、城市平民为主体的市民阶层从传统社会破土而出,给我们带来了崭新的社会与文化面貌。以四大名著、文人书画等为代表,文学、戏曲、绘画等艺术之花在市民文化的土壤上盛开。士人的思想同样冲击着传统,无论是跳出八股科举的文人才子、突破僵化理学束缚的心学哲思,还是在明清易代冲击下质疑君主专制的著作,我们都能看到涌动的时代大潮。

放眼全球,明朝建立时,文艺复兴的钟声刚在西欧响起;而当英国使者来到乾隆和嘉庆的宫廷,蒸汽机的轰鸣已经把世界带进机器工业的时代。在这几百年里,我们能看到郑和下西洋的壮举,朝贡体系的威光;也能看到美洲的白银通过贸易成为中国人日用的银两,西洋火器成为将士们手中东征西讨的利器,跨洋过海而来的传教士让东西方的科学、技术、思想展开了对话。明清是世界迈向全球化的时代,而中国从未远离这个世界。

少年读者们不必急于在书中直接找到"知识点"和"历史结论",不妨静心浏览一个个故事,明君与奸佞,宦官与直臣,巾帼与豪杰,才子与哲人,巧匠与商旅,使节与教士……他们或许无法直接展示历史的全貌,但就像历史海洋中的一粒粒珍珠,最终连缀而成的线索,展示了近代前夜中国和中国人的面貌。

少年简读中国史

明清

周峤 郑晓宾 ◎ 著

南京大学出版社

目录

引言	4
【明】	
淮右布衣的开国之路	7
叔侄相争的"靖难"	14
郑和下西洋	22
天子之囚	27
皇帝也修仙	35
南倭北虏与名将戚继光	42
科举与才子	49
从中兴到衰落	56
西来的"夫子"	64
闯王传奇	72

淮右布衣的开国之路

元顺帝至正十二年(1352)春天,一个名叫朱重八的青年,大为烦恼——他所在的地方正卷入一场危机之中,他拿不定主意该留还是该溜。

朱重八出身于濠州钟离的一个贫苦农户家庭。他前二十多年的人生,毫无疑问是"下下签":元朝末年,政治日益腐败,经济凋敝,天灾不断,民不聊生。在朱重八十七岁时,他的家乡濠州遭遇了"旱蝗,大饥疫",父母和兄长都相继病死,一度连安葬都成了问题。"孤无所依"的他为了生计只得去附近的皇觉寺当和尚。结果寺庙里也没多少余粮,刚待了一个月,他就不得不外出周游四方"化缘"。度过了三年多风餐露宿的底层流浪生涯之后,他才再度回到皇觉寺。这三年艰苦的磨炼,让他养成了过人的胆识和眼光,同时也形成了多疑、霸道的性格。

朱元璋

此时元朝的腐朽统治已经走向尽头。白莲教徒刘福通、韩林儿发动的红巾军起义,很快席卷了河南、江淮、长江中游等地区。其中一支由郭子兴率领的红巾军占领了濠州,前来镇压的元军不敢与之交战，只敢捕捉周围的无辜百姓，冒称俘虏，向上邀功请赏。而朱重八正好待在濠州附近的皇觉寺，就遇上了开头所说的危机。于是他给自己算了一卦，却得到了一个出乎意料的答案——无论是留是溜，都不吉利，唯有参加起义才是"吉"。

明太祖朱元璋像

于是朱重八来到濠州城，加入了红巾军，迎来了自己命运的转折点。濠州红巾军的统帅郭子兴很赏识朱重八，让他做了自己的心腹亲兵，很快就提升为军官，还把养女马氏嫁给了他。朱重八也给自己取了个正式名字：朱元璋。

率军讨元

很快,朱元璋得到了独立发展的机会,他带着徐达、汤和、耿炳文等 24 名信任的伙伴离开濠州,不到一个月,他就收编了数万部队,还获得了冯国用、李善长等读书人作为谋士,攻下了滁州。郭子兴也率兵前来会合。

1355 年,郭子兴病死。此时刘福通、韩林儿已经建立了"龙凤"政权。郭天叙(郭子兴之子)、张天祐(郭子兴妻弟)和朱元璋带着部下归附了龙凤政权,朱元璋排行第三,任左副元帅。

龙凤政权兵分三路,发起了对元朝的北伐。而冯国用、李善长等谋士给朱元璋的建议是南向攻取集庆(今江苏南京),以江南作为根据地,再逐步平定天下,实现像汉高祖刘邦那样的大业。这正符合朱元璋的雄心。于是朱元璋率部渡江,抵达长江南岸。当时诸将都只想夺取钱粮物资之后返回江北,但朱元璋决心不放过这个机会,他下令将船只的缆绳砍断,任其随急流漂走,断了部队的退路,然后一鼓作气攻下了近在眼前的太平(在今安徽当涂)作为基地。之后在攻打集庆时,郭天叙、张天祐战死,朱元璋就顺势掌握了郭子兴留下的所有部队。第二年,他亲率大军攻下集庆,将其改名为应天府,在此设置了龙凤政权的江南行中书省,初步建立了自己的政权。

朱元璋比较重视约束部众的纪律,不滥杀无辜,不随意掠夺百姓;建立政权后致力于保持安定,劝课农桑,恢复生产;同时他还重视笼络士人,在元朝统治下没有出头之日的汉族儒生们纷纷来到麾下,为其出谋划策。在攻下徽州之后,士人朱升提出了"高筑墙,广积粮,缓称王"的策略。"高筑墙"指的是巩固自己的根据地;"广积粮"则是注重恢复生产，积蓄物质实力；"缓称王"则是不急于另立旗号，谋求称王乃至称帝的虚名，避免成为各个势力攻击的众矢之的。这些正确的做法让朱元璋逐渐在江南站稳了脚跟。

一统江南

与此同时，"小明王"的龙凤政权正与元军鏖战，忠于元朝的几个军阀间也内斗不休，北方陷入一片混乱。而在南方则有三个脱胎于起义军的强大势力。一是朱元璋西边的陈友谅，他原本是红巾军建立的"天完"政权部将，在杀死了旧主徐寿辉后称帝，国号汉，占据长江中游的两湖、江西等地。二是东边的张士诚，他是淮南的私盐贩子出身，在高邮大败元军后渡江南下，占领了最为富庶的平江（今江苏苏州）、湖州、松江、常州等地。但他沉迷享乐，怠于政事，还向元朝臣服，

刘基像

与龙凤政权敌对。被夹在中间的则是朱元璋。在这三人中，陈友谅实力最强，兵多将广，拥有强大的水军，对朱元璋虎视眈眈。朱元璋的部下都觉得应该"先易后难"，先消灭较弱的张士诚，再对付陈友谅。但朱元璋很有战略眼光，看穿了张士诚，认为他胸无大志、威胁不大，反倒是骄悍的陈友谅随时可能长驱直入，这才是应该先解决的敌人。果不其然，陈友谅在称帝后就迫不及待地率军

东进,还约张士诚一道夹攻朱元璋。结果在谋士刘基的建议下,朱元璋决定诱敌深入,他派部下诈降,之后安排了伏兵大败陈友谅,还夺取了江西地区。

陈友谅不甘心失败,一心一意要向朱元璋复仇。他制造了众多数丈高的大舰,在三年后(1363)"载其家属百官,空国而来",大军号称有60万,意图顺江东下,一举消灭朱元璋。结果倾巢出动的陈友谅在洪都(在今江西南昌)城下碰了钉子。守军顽强抵抗了85天,直到朱元璋亲率20万援军抵达。双方在鄱阳湖打响了决战。

陈友谅将麾下的巨舰连结成阵,高达十余丈的瞭望台绵延数十里,"旌旗戈盾,望之如山"。在战斗中,朱元璋的座舰一度搁浅,陈友谅麾下骁将张定边也向他直冲过来,情况十分危急。多亏了部将常遇春一箭射中了张定边,同时水流涌来,朱元璋的船才得以脱身。之后,陈友谅派巨舰悉数出战,而朱元璋的部队多是小船,士兵们仰头面对山一样的敌舰,纷纷露出了恐惧的神色。但朱元璋并没有畏惧,他亲自督战,当场处决临阵退缩者,激励士兵殊死战斗。此时正值下午,从东北方刮起了大风。于是朱元璋有了破敌之策——他挑选敢死队驾着七艘装满火药、芦苇等易燃物的小舟冲向敌舰,施展火攻。陈友谅的战船瞬间被点燃了,"风烈火炽,烟焰涨天",熊熊大火把整个湖水都映得通红。朱元璋趁机发动进攻,大破敌军。陈友谅在突围时中箭身亡,手下带着他的儿子逃回了武昌。得胜之后,朱元璋很高兴地说:"友谅亡,天下不难定也。"第二年,朱元璋称吴王,挥师攻克武昌,最强大的对手就此覆灭了。

事实正如朱元璋所料,在和陈友谅决战的整个过程中,只顾偏安一隅的张士诚完全没有采取任何有威胁的行动。收拾完陈友谅之后，朱元璋就腾出手来消灭了张士诚。割据浙东沿海的方国珍也被迫投降。朱元璋又派兵陆续平定闽、广，南方大局已定。

当朱元璋与陈友谅决战的时候，龙凤政权在元朝和张士诚的夹攻下陷入危机。1366年，朱元璋派人接"小明王"韩林儿渡江来应天，在半路上却发生了船难，韩林儿溺水而死。朱元璋就此名正言顺地自立门户。此时在他面前的对手，只剩下北方的元朝了。

出师北伐

清人姚文瀚绘朱元璋像

击败张士诚之后不久，朱元璋就命大将徐达、常遇春率军北伐，踌躇满志的常遇春想要率军长驱直入，直捣大都（在今北京）。朱元璋否决了这个冒进的方案。他指出元朝在大都已经经营了上百年，守备十分坚固。如果孤军深入，一旦无法快速破城，就会面对敌人的援军和后勤的困难，陷入险境。所以他的谋划是先取山东，河南，其后夺取潼关，守住关中与中原之间的门户；此时天下形势已经掌握在手，再向"势孤援绝"的大都进兵，可以不战而克。夺取大都后继续挥师西进，山西、关陇等地也可以席卷而下。诸将都十分叹服于朱元璋的战略眼光，之后的北伐基本上就是按此执行的。

在出兵前，朱元璋发布了北伐檄文，提出"驱逐胡虏，恢复中华，立纲陈纪，救济斯民"的口号，同时保证进军时"号令严肃，秋毫无犯"。而对于那些曾经压迫汉人的蒙古、色目人（西域人），他许诺只要是"知礼义、愿为臣民者"，就能与汉人百姓一视同仁。这一檄文是顺应民心的。

1368年正月，在北伐军出师两个多月后，朱元璋正式称帝，年号洪武，建都南京，定国号为"大明"，明朝就此建立。北伐的明军很快攻取了山东、河南，控制了潼关，原先还在混战的元朝军阀们此时才慌了神，想要联手抵抗，但已经无济于事了。徐达、常遇春率军北进，在七月末已经逼近大都。元顺帝感到大势已去，就带着后妃、太子连夜离开都城，逃往漠北。数日后明军攻入大都，正式终结了元朝的统治。

从1352年投奔濠州城的红巾军开始，到1368年攻克大都，朱元璋用十六年的时间，平定了元朝末年的乱局，实现了从一个穷困潦倒的和尚到开国君主这样"奇迹"般的事业。明朝二百七十六年的历史，就此拉开了帷幕。

|文|化|小|札|

现存朱元璋的画像，存在着两种不同的形象。一种是流传于明朝宫廷内部的正面圆脸像，较为端正、英武；一种是流传于民间的"月牙形"脸侧面像，也就是俗称的"鞋拔子脸"。这两种版本，在明朝时就已经有了。明朝人张瀚在《松窗梦语》中说，自己曾在宫廷内见到过朱元璋的像，"鼻直唇长，面如满月，髯不盈尺"，和民间流传的"奇异之像"大不相同。而且很多民间流传的朱元璋像，其服饰都与明朝时的式样有所出入。

叔侄相争的"靖难"

洪武三十一年(1398),明朝的建立者、太祖皇帝朱元璋去世,皇太孙朱允炆继位,定年号建文。不久之后,从北平(在今北京,明初攻下大都之后,在此设立北平府)传来一个令人惊愕的消息——燕王疯了。这又是怎么回事呢?

燕王朱棣,是朱元璋的第四子。朱元璋一统天下之后,分封了20多个儿子作为藩王镇守各地。驻守北方边境的几位藩王更是拥有强大的军事力量。像镇守大宁(在今内蒙古宁城县)的朱元璋第十七子、宁王朱权,"统塞上九十城,带甲八万,革车六千",还掌握着精锐的归降明朝的蒙古部落骑兵。而镇守北平的燕王朱棣实力最强,尤其以能征惯战著称。他手握重兵,多次出击蒙古,战功赫赫。

建文帝削藩

朱元璋之所以大行分封,是因为在他眼里,靠自己儿子们来守卫边疆才是最可靠的。等他去世之后,将来继位的太子朱标是诸王的长兄,温厚儒雅,深得大臣们的拥护,足以统御诸王。

但不幸的是,朱标在洪武二十五年(1392)英年早逝,走在了朱元璋前面。经历"白发人送黑发人"之痛的朱元璋,立朱标之子、年仅十五岁的朱允炆为储君。在朱元璋的设计下,皇位继承遵循"有嫡立嫡,无嫡立长"的嫡长子继承制,只要嫡长子的血脉尚在,其他皇子就算再厉害也别想染指皇位。朱元璋希望通过这套明确的制度,避免像历史上那样为了争夺皇位而自相残杀的悲剧发生。但实际上,皇太孙朱允炆是诸王的侄子,"诸王以叔父之尊,多不逊",

明成祖朱棣(右)和徐皇后(左)像

经常做出无礼的行为。尤其是战功赫赫、又身怀雄才大略的燕王朱棣,对皇位充满野心。朱允炆为此忧心忡忡,曾在东角门和他的伴读黄子澄讨论:"诸叔各拥重兵,何以制之?"黄子澄拿西汉平定吴楚七国之乱做例子,认为地方藩王的兵力不足为惧,完全可以用武力对付。

朱允炆接受的是传统儒家教育,平时也与读书人比较亲近。他在继承皇位后,选择以"建文"为年号,代表着将以宽政、文治为重心。他减轻了朱元璋时代的严刑峻法，减免江浙部分地方过重的赋税，解放一些军户为民、提升文官的地位等等。但面前最大的问题，还是那些藩王皇叔们。他召来黄子澄，问他："你还记得我们当初在东角门的讨论吗？"黄子澄答："不敢忘！"于是建文帝和齐泰、黄子澄、方孝孺等心腹大臣开始着手削藩。他们忌惮燕王的强大，决定先从几个实力较弱又骄纵不法的藩王下手。

在一年多的时间里，建文帝相继将周王、齐王、湘王、代王、岷王废为庶人，湘王不堪受辱，举家自焚以示抗议。建文帝还派遣自己的亲信接管北平的军政大权，调走燕王管辖的一些军队。之前，朱元璋曾对还是皇太孙的朱允炆说："我留下了诸王帮你对付外虏，可以保证边疆的安宁，让你安心做皇帝。"不料朱允炆反问："外虏不安分可以交给诸王，那如果诸王不安分，怎么办？"朱元璋沉默良久，反问："那你觉得该怎么办？"朱允炆答道："先以道德感召和礼制约束，不行的话就削减其封地，再不行的话就改易换人，如果

明代《出警入跸图》（局部） 原件现藏于台湾故宫博物院

叔侄相争的"靖难"

还是对付不了,就派兵讨伐。"朱元璋听了之后也赞同说:"的确,没有比这更好的对策了。"但当朱允炆登基之后,他对付叔叔们的策略远远没这么有章法。各种操之过急的做法,大大激化了中央与藩王之间的矛盾。

靖难之役

朱棣感到矛头即将指向自己,开始做反抗的准备,但他的儿子尚在南京,形同"人质",所以暂时还不敢轻举妄动。于是他先是装病,后又装疯。建文帝和大臣们对此将信将疑,但为了麻痹朱棣,就把他留在南京的三个儿子放回了北平,这一下子让朱棣没了后顾之忧。建文元年(1399)六月,朱棣装疯、谋反的事情败露,建文帝秘密下令北平的官员逮捕朱棣,却被朱棣先发制人,起兵控制了北平。朱元璋留下的《皇明祖训》里有这么一条:如果朝廷被奸臣把持,藩王可以起兵"清君侧"。这给朱棣提供了口实。他声称齐泰、黄子澄是在以削藩离间、残害皇室骨肉,所以自己的举动不是

谋反,而是要除掉这些奸臣,为国"靖难",因此历史上称之为"靖难之役"。

燕王朱棣素有善战之名,而朝廷并没有大将可用。原来,朱元璋害怕和自己打天下的功臣宿将们未来会威胁到自己,于是用各种罪名把蓝玉、冯胜、廖永忠、傅友德等善战的武将给诛杀掉了,取而代之掌握兵权就是那些藩王们。但他千算万算,却没想到将来造反的会是自己的亲儿子。

建文帝只得让六十多岁的老将耿炳文率军讨伐朱棣,结果很快就被打败。建文帝又命李景隆率领 50 万大军出征。朱棣大喜过望,因为他知道李景隆是个庸才,根本不是自己的对手。果不其然,李景隆在郑村坝和白沟河两场战役遭遇惨败,50 万大军赔了个干净。朱棣还收编了宁王的部队,实力大增。

大胜之后,朱棣率军南下,包围了重镇济南。面对济南守将铁铉、盛庸的顽强抵抗,愤怒的朱棣用大炮攻城。眼看济南城就要被攻下,铁铉想出了一个主意——他找来木板,写上"高皇帝神牌"(就是朱元璋之牌位)的字样,挂在城头。朱棣起兵就是拿朱元璋当借口,没想到对方竟然也拿朱元璋做挡箭牌,只得下令停止炮击。朱棣围攻济南三个月,不仅没攻下城,自己的后方粮道也遭到朝廷军队的袭扰,只得撤围而去。

济南之战后,建文帝以盛庸为主将,与朱棣作战。盛庸和朱棣在东昌、夹河、藁城等地多次激战,有好几次都差点杀了朱棣。但建文帝的一个举措帮了朱棣大忙——早在耿炳文出师时,建文帝就嘱咐道:"不要让我背负杀死叔父的骂名。"这个命令让朝廷的军队都不敢杀伤朱棣本人。甚至有一次,朱棣陷入包围,却利用这个命令径直穿过对方阵营扬长而去,自始至终都没有人敢向他射一箭。

"靖难之役"就这样打了两年多,朱棣虽然多次击败前来讨伐的朝廷军队,却始终被局限在河北一地,没有什么进展。但此时发生的一个事件彻底逆转了局势。原来当时建文帝下令惩治一些有不法行为的宦官,结果这些宦官跑到了朱棣那里,并告诉他南京守备空虚的情报。于是朱棣决定绕过面前的敌军,不管后方,挥师南下直扑南京。这个战略十分正确,不过半年多时间,朱棣的军队就

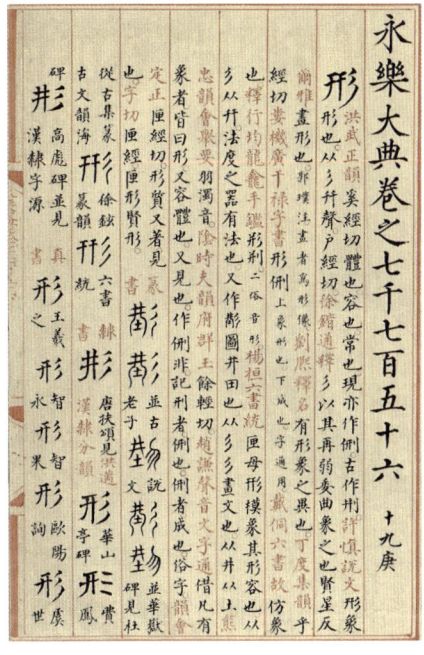

永乐年间,朱棣决心修一部巨著彰显国威,先后命解缙、姚广孝等主持编纂《永乐大典》。

打败朝廷的追兵,进抵南京城下。面对危局,方孝孺主张据城固守,但谷王朱橞和李景隆擅自打开城门投降。此时皇宫内燃起熊熊大火,等朱棣赶到时,只发现了皇后烧焦的尸体,建文帝和他的

太子都不知所踪,他们的下落就此成为一个谜。

登基称帝

朱棣率军入城之后,得意忘形,马上想要进宫登基。在官员的提醒下,他才先去孝陵拜谒朱元璋的陵寝,然后正式即位称帝,年号永乐。朱棣即位后,凡是建文帝所做的改革措施,一概取消;曾经与他对抗的将领、为建文帝出谋划策的大臣等等,尽皆诛杀;连无辜的亲友、乡邻也被牵连,惨遭杀戮,被称作"瓜蔓抄"。值得一

方孝孺像

提的是当时建文帝手下著名的读书人方孝孺,就连朱棣的谋臣姚广孝之前也嘱咐过他千万不能杀方孝孺,否则"天下读书种子绝矣"。朱棣把方孝孺叫到面前,想要他为自己起草即位诏书。结果方孝孺的悲恸之声响彻宫殿。朱棣假惺惺地对他说:"先生不要这么折磨自己了,我只是想要效仿周公辅佐成王的行为罢了。"方孝

孺问:"那么成王(指代建文帝)在哪里呢?"朱棣答道:"他自焚死了。"方孝孺又问:"那你为什么不立成王的儿子呢?(建文帝还有幼子尚在)"朱棣回答:"国家需要年长的人做君主。"方孝孺又问:"那你为什么不立成王的弟弟呢?(建文帝的弟弟已经成年)"朱棣说:"这是我的家事。"意思是让方孝孺不要再说了。然后朱棣让左右把纸笔交给方孝孺,说:"这份昭告天下的诏书非得先生你起草不可。"方孝孺毅然写下"燕贼篡逆"四个字,投笔于地,骂道:"死即死耳,诏不可草!"朱棣被激怒,竟下令将方孝孺车裂于市。

朱棣称帝之后,先是恢复了周王、齐王、代王、岷王的爵位和封地。但之后就将镇守边塞的诸王改封到内地,并且解除了他们的兵权,把藩王的权力收归自己手中,等于是变相实现了建文帝的"削藩"大业。

无论"靖难"在名义上把造反包装得多么冠冕堂皇,朱棣始终被"得位不正"的污名困扰。他统治残暴的一面,还有削藩的举措,都是为了强化皇权控制——后文我们还要谈到更多。但另一方面,他即位之后,为稳固皇位又力求有所作为,就像历史上同样"得位不正"而又励精图治的唐太宗等人。军事上,他五次亲征蒙古,消除了北方的边患;内政上,他迁都北京,治理贯通了南北大运河;文化上,他下令编纂了集中国古代典籍于大成的类书《永乐大典》;外交上,他派郑和七下西洋,把朝贡体系扩展到遥远的东南亚和印度洋沿岸。所以朱棣死后得到了"成祖"的庙号,他统治的"永乐"时代也以兴盛的治世形象留载史册。

郑和下西洋

在南京三汊河以南的中保村一带,有一个明代造船厂的遗址。1957年5月,在这个遗址中发现了一根长达11.07米的长木,经过研究,这根有6个成人那么高的长木是一个船舵的舵杆。而只有大约70米长的大船,才配得上如此高大的船舵。这个在十五世纪全世界都罕有其匹的庞然大物,属于明朝宦官郑和所率领的下西洋舰队。

郑和,原名马三保,是明成祖朱棣身边的亲信太监,曾在"靖难之役"中立功。成祖即位后,交给了郑和一个任务:率领一支庞大的舰队出访"西洋"各国。在当时中国人的地理观念中,"西洋"指的不是欧洲和大西洋,而是指现在文莱以西的东南亚和印度洋沿岸地区。所以郑和的远航被称作"下西洋"。

第一次远航

永乐三年(1405),郑和率领由200多艘船组成的舰队启航,开始了第一次下西洋。舰队中有62艘长约70米的大船,满载金银、瓷器、丝绸、茶叶、手工艺品等礼物,被称作"宝船"。舰队的船员多达28 000名,包括士兵、军官、水手、翻译、医生等等。在海上,郑和的舰队用指南针(针路)和星座定位(过洋牵星术)导航,代表了当时最先进的航海技术。

郑和的第一次远航先后到达占城(在今越南南部)、爪哇(在今印尼)、苏门答腊(在今印尼)、满剌加(在今马六甲)、锡兰(在今斯里兰卡)等地,最远到达印度南部的古里。到达爪哇时,当地正爆发内战,郑和的士兵有100多人遭到误杀,郑和选择用交涉的手段来处理。面对郑和船队的强大实力,爪哇王大为恐惧,遣使谢罪,献上6万两黄金作为赔偿,和平解决了事端。在苏门答腊岛的旧港,有大量广东侨民居住于此。其中有一个叫陈祖义的海盗在这

南京郑和公园里的郑和像

里称王称霸,还经常劫掠往来商旅。郑和原本想要招抚他,陈祖义表面上答应,实际上竟想趁机打劫郑和的船队。正好当地的华侨领袖施进卿向郑和控诉陈祖义的恶行,于是郑和痛击来袭的陈祖义,剿灭海盗5 000多人,烧贼船十艘,俘获贼船五艘,生擒陈祖义等三名海盗首领,押回南京正法。这让周边各国认识到了明朝的强大。郑和的舰队每到一地,就向当地的统治者传达成祖皇帝的招谕诏书,赐予其礼物,并进行贸易。在郑和船队的影响下,各国纷纷表示臣服,派遣使者随同郑和回到南京,向大明朝贡。永乐五年(1407),郑和的舰队回国,成祖皇帝大为满意,厚赏了郑和及有功的将士们。

七下西洋

永乐五年到九年,成祖皇帝派郑和马不停蹄地开启第二、第三次下西洋。第三次下西洋时,郑和的船队册封了的满剌加国(位于今马六甲海峡)国王,并在此设立基地。之后,满剌加的国王带着多达540人的庞大队伍亲自来到南京朝贡。在斯里兰卡的锡兰山国,当地的国王亚烈苦奈儿贪图宝船的财富,诱骗郑和到国中,同时发兵5万袭击郑和的舰队。郑和趁敌兵大举出动、国内空虚的机会,只用2 000人突袭亚烈苦奈儿的王宫,将其俘虏并带回了南京。朝臣们都主张杀了亚烈苦奈儿,但成祖皇帝赦免并释放了他。第三次下西洋,郑和的船队最远到达了非洲东海岸的木骨都束(在今索马里的摩加迪沙)。

永乐十一到二十年,郑和又完成了第四、五、六次下西洋。他的船队继续向更远的地方远航,往北来到了波斯湾的忽鲁谟斯(今霍尔木兹),往南则越过赤道,到达了慢八撒(今肯尼亚的蒙巴萨)。

郑和下西洋

明朝的声威传遍整个西洋,到永乐二十一年(1423),忽鲁谟斯等国来到中国的使臣达到1 200多人,一时间"诸番使臣充斥于庭",各国使臣还进贡了包括麒麟(长颈鹿)、狮子、鸵鸟、金钱豹在内的各种奇珍异兽。

永乐二十二年,明成祖朱棣去世。即位的是他的儿子明仁宗朱高炽。仁宗即位时国库空虚,于是停止了下西洋的活动,让郑和带着将士们镇守南京。仁宗只统治了十个月就去世了,他的儿子是明宣宗朱瞻基,年号宣德。在这个时候,西洋各国大多已经不再前来朝贡,于是宣德皇帝派郑和于宣德五年(1430)第七次下西洋。这一次,郑和的船队还到达了阿拉伯半岛的天方(麦加)。但在返航途中,郑和就积劳成疾,病逝在了印度的古里。宣德八年,船队返回南京。从此以后,朝廷再也没有大规模的出海远航,"三保太

南京宝船厂遗址公园内陈列的复原后的宝船

监七下西洋"的盛况就此成了绝响。

领先壮举

郑和下西洋，即便放在大航海时代的背景下，也是领先全世界的壮举：他比哥伦布发现美洲要早60年，比达·伽马发现从西欧通往印度的航线要早70年，而在规模上也远远超过同时代和之后的西欧航海家们。但与西欧航海家的发现带来了殖民开拓的时代不同，即便是明朝人自己，后来也觉得郑和下西洋是一件劳民伤财、得不偿失的事情。为什么会这样？这要从郑和下西洋的目的讲起。

《明史》上说明成祖派遣郑和下西洋，是因为"疑惠帝（建文帝）亡海外，欲踪迹之，且欲耀兵异域，示中国富强"。但成祖的统治已经十分稳固，找不找建文帝已经不是首要的问题。而向周边各国展示明朝的强盛，让它们承认明朝的宗主权，将之纳入以明朝为中心的朝贡体系中来，才是明成祖、明宣宗派遣郑和下西洋的主要目的。因此，与西欧专注于殖民掠夺不同，郑和下西洋以和平的赏赐、贸易为主，即便有过武装冲突，也没有吞并、掠夺任何一个国家。而凡是来向大明朝贡的国家，都能本着"厚其往，薄其来"的原则得到远多于贡品的赏赐。明朝官府的做法，可谓是要"面子"而不要"实利"。

与之同时，明朝官府严禁民间私自与海外进行贸易，只允许外国使节来到中国，以"朝贡"的名义展开互市。而与海外国家进行互市的地点仅限于泉州、宁波、广州等几个港口，且被官方机构"市舶司"垄断。所以尽管郑和下西洋大大拓展了中国与海外的联系，但和西欧的"地理大发现"相比，并没有为国家带来蓬勃发展的机会，这是值得我们反思的。

天子之囚

明英宗正统十四年(1449)二月,蒙古瓦剌部派遣使者前来北京,以进贡的名义交易马匹(朝贡方提供"贡品",明朝则根据贡使人数和"贡品"的价格给予"赏赐")。出人意料的是,这一次"进贡"却演变成了一场纠纷,进而把大明王朝带入前所未有的危机之中。

这场纠纷的一方是蒙古瓦剌部。元朝灭亡以后,其残余势力"北元"依然与明朝敌对。经过朱元璋、朱棣多次派兵攻打,到永乐初年,"北元"覆灭,蒙古分裂为中部的鞑靼、西部的瓦剌、东部的兀良哈三个部分。到了明英宗正统(1436—1449)年间,瓦剌部强大起来,相继征服了鞑靼、兀良哈,其首领也先野心勃勃,对明朝虎视眈眈。在当时,瓦剌经常以"朝贡"的名义进京,沿途杀掠骚扰民众;到北京之后还经常虚拟人数,以冒领赏赐。

纠纷的另一方是英宗皇帝所宠信的太监王振。原本朱元璋鉴于前代宦官干政的教训,禁止宦官读书识字,还在宫中立了禁止宦官干政的铁牌。但从永乐帝朱棣开始,就开始任用宦官参预各种事务,还教他们读书认字,宦官的权势逐渐增长起来。王振原本是一名儒生,但数次参加科举都落榜了。他为了出人头地而挥刀自宫,做了太监,入宫后负责在东宫照顾太子朱祁镇。朱祁镇后来即位,就是明英宗。英宗即位时只有九岁,十分宠信王振,称其为"先生"。王振一开始还比较收敛,但随着时间推移,太皇太后和辅政的重臣或老或死,没有了制衡他的力量。于是王振利用英宗的信任掌握了大权,一时间权倾朝野,随意生杀予夺,大臣都不得不尊称他为"翁父",相传连朱元璋禁止宦官干政的铁牌也被移走。王振还勾结瓦剌,收受也先的贿赂,经常对其加以庇护。

英宗亲征被俘

就像这一次瓦剌"入贡",实际上只有二千人,却声称三千,意欲多索取一千人的赏赐。但是这一次,王振却下令礼部按照实际人数给予赏赐,并且以马匹质量不佳为由,削去马价的五分之四。

明英宗坐像

这给一直想要入侵明朝的也先提供了口实。这年七月,也先统率各部,兵分四路发动入侵。也先亲率一路进攻大同,"兵锋锐甚",多次击败明军。

消息传到北京,在皇帝和王振看来这是御驾亲征,建立像朱元璋、朱棣那样功业的机会。群臣纷纷上书劝阻,列出各种不利条件,但皇帝不听,下令部队在两天内就要准备完毕,集结出征。50万大军在混乱中出发,行军路上连日风雨,还没到大同,就缺乏军粮而导致士兵饿死。大军行至大同附近,看到前几日惨败的战场上伏尸遍野,士气更加低落。大臣们多次请求回师,都被王振拒绝。

8月初,明军进入大同,也先为了诱敌深入,主动后撤,王振还想追击。这时他的亲信太监向他密报前线战败的消息,王振才害怕起来,第二天就下令班师回朝。在回师路上,王振下令部队绕道从他的家乡蔚州经过,以炫耀自己的威风。但走了四十里,他又害怕大军踩坏他自己田地上的庄稼,于是命部队转向,从另外的路线退兵。这么一折腾,明军就被瓦剌军追上,狼狈地撤到了一个叫土木堡的地方。这里离怀来城只有20里,文武官员们都劝英宗赶快进驻怀来,却被王振拒绝。到了第二天,瓦剌军赶到土木堡,明军只得困守此处。土木堡没有水源,大军陷入干渴之中。此时也先假装退却,王振轻率地命令部队移营找水,结果演变成了一场大混乱。瓦剌军乘机杀了回来,明军土崩瓦解,50万大军全军覆没。英宗试图突围不成,只得下马坐在地上束手就擒,做了也先的俘虏。王振在混乱中被义愤填膺的明军将士击杀。这一仗,明朝皇帝被俘,50多名文武大臣阵亡,京师的精锐部队全部都被断送,而与之交战的瓦剌军只有数万而已。

土木堡大败的消息传到北京,"群臣聚哭于朝",举朝震恐。同时也先挟持英宗,向北京进军,明朝面临开国80年来前所未有的大危机。面对这个局面,不少人都主张迁都南京以避锋芒。但如果此时真的放弃北京南迁,就很有可能重蹈北宋靖康之变、金军南下的覆辙。在这个时候,兵部侍郎于谦站了出来。

于谦守卫京城

于谦,浙江钱塘人,青少年时就以文天祥为偶像,立下报效国家之志。他为官时为百姓做了不少好事,两袖清风,不畏权势,曾因触怒王振而被下狱。此时面对危局,他毅然说道:"京师天下根本,一

清代《晚笑堂竹庄画传》中的于忠肃事迹

动则大事去矣。""言南迁者,可斩也!"他的态度得到了很多大臣的支持,最后朝廷决定固守北京,迎击瓦剌。立英宗的"忠肃"、郕王朱祁钰为帝(后世称明景帝),遥尊英宗为太上皇,升于谦为兵部尚书,积极备战。当时北京守军的主力已经在土木堡被消灭,剩下的只有不到10万老弱残兵,人们都怀疑这能否抵挡得住瓦剌军。于谦调各地部队紧急入援京师,选拔将领操练部队,并加紧修固沿边

关隘。经过一个多月的备战,京师人心稳定下来,做好了保卫首都的准备。

十月,瓦剌军队挟持英宗逼近北京。总兵官石亨提议关闭城门坚守,以消耗敌军。于谦却坚决主张出城迎击敌人。他分派诸将帅兵列阵于京师九门之外,下令:"有盔甲军士但今日不出城者,斩!"等到部队都开出城外部署完毕后,关闭城门,以示背城死战的决心。战前于谦下令:"临阵,将不顾军先退者,斩其将;军不顾将先退者,后队斩前队。"他自己则身披铠甲站在士兵面前,以必死的决心鼓舞三军将士。将士们人人为之感奋,勇气百倍,准备迎击瓦剌军。

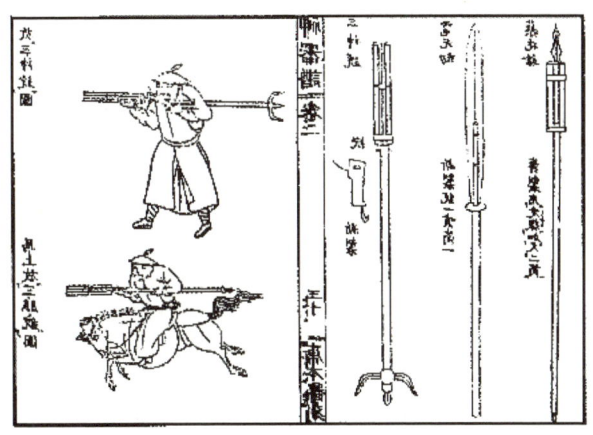

三眼铳

也先看到明军严阵以待,不敢贸然进攻,就装作要送回英宗的样子,索取大量财物,诱骗景帝议和。但于谦看穿了他的诡计,声称:"今天只知道有军旅之事,其他的事情一概不知!"也先只好下令攻城。

来犯的瓦剌军先是进攻德胜门，明军假装败退，把敌人引入埋伏圈后火器齐发，连也先的弟弟也中炮身亡。瓦剌军转攻西直门，围住了守军；但明军援军随即到来，瓦剌军三面受敌，被迫退去。受挫的瓦剌军又攻彰义门，明军一度败退，但当瓦剌军追到土城时，土城一带的居民也奋起参战，他们登上屋顶，掷砖投石，阻止敌人的进攻。于谦派遣的援军到达后，瓦剌军仓促退去。

也先始终攻不下北京，又无法利用英宗讹诈钱财，只好撤退。北京保卫战终于在于谦的指挥下赢得了胜利。但之后围绕皇位，明朝的内部矛盾尖锐了起来。

英宗复位

第二年，也先想与明朝议和，提出将"太上皇"英宗送回。而景帝害怕英宗回来之后会危及自己的皇位，并不想迎回英宗。为了打消他的疑虑，于谦说："皇位已经确定，不会再有变数。顾念情理，我们也应该尽快把英宗接回来。万一瓦剌想要借此耍诈，我们也有话说。"景帝这才答应将英宗接回。但他依然害怕自己的哥哥会复辟，于是把英宗送到南宫软禁起来，严禁大臣与之往来。

景帝的另一个心结，是太子问题。原本在他即位时，太子依然是英宗的儿子朱见深。后来，景帝想要把皇位传给自己的儿子，于是把朱见深废为沂王，立自己的儿子朱见济为太子。但才过了一年，朱见济就病死了。此时有大臣上书请求再立朱见深为太子，景帝却以为这是英宗图谋复位的阴谋，不仅严惩上书的大臣，还下令把南宫附近的树木都砍光了，以便减少遮挡、更加严密地监视英宗。

英宗在南宫被幽禁了七年，他的弟弟景帝为了皇位而做出的种种行为,让二人间的兄弟之情荡然无存,转而变成了深深的猜忌与怨恨。此时,一些不满景帝和于谦的人,像土木堡之变后主张南迁被于谦驳斥的徐有贞、巴结于谦失败而结怨的武将石亨、曾被于谦弹劾的宦官曹吉祥等人,图谋拥立英宗复位,借此获取政治地位。景泰八年(1457)正月,景帝病重,徐有贞、石亨、曹吉祥等人乘

明代掐丝珐琅鱼藻纹高足杯 存世的部分掐丝珐琅器有「景泰年制」款,所以有「景泰蓝」之称,「景泰」即明景帝朱祁钰的年号,景帝亦称「景泰帝」 现藏于中国国家博物馆

机率兵拥戴英宗从东华门入宫,登基复位,史称"夺门之变"。英宗复位后,景帝被废为郕王,不久后就去世了。因为拥立英宗的功劳而身居高位的徐有贞、石亨、曹吉祥等人都想置于谦于死地。英宗一开始还有点犹豫,说"于谦实有功"。但徐有贞对朱祁镇说:不杀于谦,我们复辟的事情就师出无名。于是于谦最终以"谋反"之名被诬处死,天下人都为他感到冤枉,太后知道了,也为此哀伤叹气数日。于谦家里被抄时,搜下来没有多余财物,只剩下正室锁得很牢固还未查。打开一看,里面藏的不是密谋证物或金银珠宝,只有

皇帝赐给的蟒衣、剑器而已。于谦死后,边境上又有警报,有大臣说:"如果于谦在,一定不会让敌寇如此猖狂。"英宗听了也默默地不说话。

英宗复位数年后,在内阁大学士李贤的提醒下,才醒悟到当初在"夺门之变"中自己被徐有贞、石亨、曹吉祥等人利用。此时徐有贞已经在政治斗争中被曹吉祥、石亨斗倒,曹、石二人把持朝政,专横跋扈。英宗将石亨下狱,并平定了曹吉祥掀起的叛乱。这个一辈子被人操纵、挟持、囚禁、利用的皇帝,终于度过了人生中最后一场危机。到了英宗的儿子明宪宗朱见深在位时,才给于谦和景帝平反。

当初的"土木堡之变",于谦等人拥立新皇登基,让瓦剌手中的人质从皇帝贬值成了太上皇,在危急时刻对于稳定朝廷军队人心,力挽狂澜,所起作用至关重要。后来的"夺门之变",太上皇复位为皇帝,政局变幻却给于谦等人带来了悲剧性命运。我们为此唏嘘的同时,也要看到在历史长河中,这些反复无常的宫廷斗争"俱往矣",无法磨灭的是于谦的不朽诗篇和他的高尚气节:

千锤万凿出深山,烈火焚烧若等闲。

粉身碎骨浑不怕,要留清白在人间。

皇帝也修仙

明世宗嘉靖皇帝是明朝第十一位皇帝，统治时间长达45年（1522—1566），在他统治初期，进行了整顿吏治、限制宦官、清查土地等一系列改革，成效显著，"天下称治"。但嘉靖因此变得志得意满，开始沉迷于一项特殊爱好——修仙。

就像历史上很多真的想要追求"万岁"的皇帝一样，嘉靖皇帝十分迷信道教，对于长生不老尤其痴迷。他耗费了大量金钱修建道观、在宫中设坛斋醮（做道场），还让宠信的道士为他炼制"仙丹"，有道士声称能够把童子尿炼成延年益寿的仙药，竟还被授予官职。尤其荒唐的是，嘉靖为了炼丹而虐待宫女，让她们只能吃桑叶、喝露水，动不动就殴打她们，有上百名宫女被打死。在嘉靖二十一年（1542）的一个夜晚，不堪虐待的十六名宫女们趁皇帝熟睡的时候企图勒死他。结果忙乱中绳子打结没勒紧，这才让嘉靖捡了条命。发生这种事情之后，嘉靖干脆搬离皇宫，躲到了西苑一心修仙，连大臣都不怎么见了。这就给奸臣上台提供了可乘之机。

严　嵩

嘉靖皇帝在举行斋醮仪式的时候,会向"天帝"供奉写在青藤纸上的祝文,被称作"青词"。当时大臣为了向嘉靖献媚,纷纷写青词献上。凡是写得好的,就能够升官。其中一个叫严嵩的大臣,青词写得特别受嘉靖赏识,因此得以进入内阁,之后更是以权术陷害对手,取得了首辅之位。

明世宗朱厚熜像

严嵩成为首辅之后,利用窃取的权力,培植亲信占据各种要职,大搞贪污受贿,积累起惊人的财富。当时户部发给边军的军饷,有大半都进入了严嵩的私囊,导致倭寇和鞑靼肆无忌惮地侵扰边疆,造成严重的边患。严嵩还残酷打击异己,那些弹劾他的官员都遭到报复,有的还被置于死地。

严嵩长期掌权,逐渐引起了嘉靖皇帝的警惕。他任命同样善于写青词的徐阶为内阁大学士,以制衡严嵩的权势。还有一个叫蓝道行的道士,素来厌恶严嵩。他假借扶乩(一种与神灵沟通的道教仪式)的机会向嘉靖陈述严嵩的罪行,并说"上仙"将严嵩留给皇帝自己来惩治,迷信的嘉靖听了,大为心动。徐阶趁机弹劾严嵩父子意图谋反,这才使其倒台。对于一个迷信的皇帝,用同样迷信的方法才能让他清除奸臣,也是一种历史的荒诞了。

虽然严嵩倒台,但晚年的嘉靖皇帝依然不知悔改。此时一个不怕死的人站了出来,想要骂醒嘉靖皇帝,他就是著名的清官海瑞。

海 瑞

海瑞是海南琼山人,号刚峰。他的为人也像"海刚峰"的号一样,刚正不阿,以至于在其他官员看来他像是个"异类"。海瑞初入官场时,被派去地方学校做学官。一次上级官员来视察,海瑞左右的副官赶紧下跪,只有海瑞凭着举人见官员可以不跪的特权,站在那里昂然不跪,三个人看起来就像一个"山"字形的笔架,海瑞也因此有了"海笔架"的绰号。他在担任浙江淳安知县时,发现这里的富户隐瞒自己的土地,而贫民则被虚报土地数量,赋税都被转嫁到了贫民身上。因此他下令重新清丈土地,分配赋役,大大减轻了农民的负担。海瑞对贪污受贿深恶痛绝,自己生活也十分简朴,日常穿布衣、吃糙米饭,还让老仆人种蔬菜自给自足。以至于有一天他为了给母亲过生日而买了两斤肉,竟然引起了轰动,被浙江总督胡

明代金蝉玉叶饰件　现藏于南京博物院

宗宪当成稀奇事讲给别人听。

  海瑞不畏权势，有一次浙江总督胡宗宪的儿子路过淳安，因为对招待不满意而把驿站人员吊起来打，海瑞说："从前胡总督巡视部属时，下令所过之处的接待不得铺张，现在这个人行装这么丰盛，一定不是真的胡公子。"于是下令把胡公子身上的数千金都没收了充公，狠狠教训了这个官二代，还派人报告胡宗宪。胡宗宪有苦说不出，也没有什么办法怪罪海瑞。后来奸臣严嵩的党羽、都御史鄢懋卿出巡，一路上贪污勒索，他经过淳安时，海瑞不仅用很简单的酒食招待他，还说自己这里是个小地方，容不下这么多车马，把鄢懋卿气得七窍生烟。但他早就听说过海瑞的清正之名，抓不到什么把柄，只得灰溜溜地离开。

  后来海瑞被调到京师，在吏部做一个六品小官。在京师，他亲眼目睹嘉靖皇帝沉迷修仙，不理朝政；而大臣们都一味奉承，不敢劝谏。面对这种情形，海瑞带着必死的觉悟，毅然写了一封叫作《治安疏》的奏疏给嘉靖皇帝。

《治安疏》

  在这篇《治安疏》里，海瑞一上来就说自己是要"直言天下第一事，以正君道、明臣职、求万世治安事"。自己受国厚恩，有责任毫无隐瞒地把嘉靖的功过陈述出来。

  然后，海瑞先是拿嘉靖和开启西汉"文景之治"的汉文帝做比较，认为嘉靖的才能比汉文帝强多了。历史上那些为人称道的君主，他们的优点嘉靖都具备。然后称赞嘉靖即位初年的作为。但接下来海瑞话锋一转，开始猛烈批评嘉靖。他直言嘉靖大兴土木，挥霍民脂民膏；二十多年不上朝，纲纪废弛；十多年来赋役繁重，民不聊生到了极点,民间甚至拿"嘉靖"的年号开涮:"嘉靖者,言家家皆净而无财用也。"就算是处理了奸臣严嵩,也依然没有什么改善。所以嘉靖远远不如汉文帝。

骂完了皇帝,海瑞接着骂群臣。他说:"天下之人不直陛下久矣!"天下人早就对嘉靖失望透顶了,大臣们也都知道,但依然昧着良心顺从、歌颂嘉靖皇帝,是犯了欺君之罪。而造成这种风气的原因,是大臣害怕被嘉靖皇帝责罚,才选择了明哲保身。这实际上是在间接批评嘉靖皇帝的昏庸、不听劝谏才导致了这种现象。

接下来海瑞更是猛烈抨击嘉靖帝的"玄修"之举:无论是尧、舜、禹、汤这些历史上的圣君,还是汉、唐、宋历代的道士们,都没有长生不死的。而受到嘉靖宠信的道士陶仲文,还先于嘉靖而死。由此可见求长生根本就是白费功夫。海瑞还对当时捏造的"天赐仙桃""天赐药丸"等事件,大声质疑:"桃必定是采摘而来,药也必定是人工捣制而成,怎么

海瑞像

可能没有原因就自己出现呢?难道是它们自己长出脚走过来的吗?说是上天赐予的,难道上天还会伸手把东西递过来吗?"然后海瑞总结,正是嘉靖这么多年来"一无所得"的"玄修",才导致严嵩这样的奸臣投嘉靖所好,靠顺从"玄修"而上位,百官还纷纷效仿。

在骂了皇帝、骂了大臣、骂了"修仙"之后,海瑞在最后终于告诉嘉靖,只要他能幡然悔悟,节省、振作,就能够扭转局面,成为能够比肩尧舜禹的明君。

嘉靖读完这篇充满火药味的《治安疏》,暴跳如雷,把它扔在地上,对左右说:"赶快把这个人抓起来!别让他逃了!"这时他身边的一个宦官说:"此人一直有这样的傻名声。听说他上疏时,知道这种冒犯会是死罪,所以给自己买了一口棺材,跟妻儿诀别,跑到朝堂上等待定罪,家中的仆人也都遣散跑光了。这样的人是不会逃的。"嘉靖听了这番话,陷入沉默,把《治安疏》拿起来又读了好几遍,叹气说道:"这家伙可以算是比干,但我还不是纣王(商朝末年的忠臣比干曾经劝谏暴君纣王,结果反被纣王杀害)。"海瑞被下狱后,刑部原本想要判他死罪,但嘉靖没有批准。

杀 害

过了几个月,嘉靖病死。监狱里的牢头觉得海瑞将要被重用,于是带着好酒好菜款待海瑞。但海瑞并不知情,还以为这是临刑前的断头饭,于是他毫无惧意、旁若无人地大吃了一顿。当听说嘉靖驾崩的消息时,海瑞立刻倒在地上大声痛哭,把刚吃的东西都吐了出来。他虽然在上书中大骂嘉靖,但依然是皇帝的忠臣。嘉靖去世了,留下了一个在危机中的王朝。海瑞虽然清正廉洁,但靠他个体的道德垂范,扭转不了明代官场的习气,他的"骂",没有触动嘉靖皇帝,也没有触动后来的万历皇帝。时代需要一个务实的改革者站出来,触动深层问题,才能多多少少给王朝带来一丝曙光。

南倭北虏与名将戚继光

为了保卫大明的疆土,明太祖朱元璋设计了一套独有的军事制度——卫所制。他在全国各地设置了十七个都司,下辖三百多个卫所,每个卫所有5 600人,由指挥使统领。卫所的士兵及其家属称作"军户",父子、兄弟世袭为兵。卫所的军士既有负责守备、战斗的,也有负责屯田种地以供应部队的。在战时,会指派将领,征调卫所的部队出征;仗打完后,将领回朝,士兵则回到卫所驻防。明初靠这套"兵农合一"的军制统一全国,守卫了边疆。但到了后来,卫所士兵的待遇越来越差,军户不断逃亡,战斗力逐渐下降。到了明世宗嘉靖年间,东南沿海的倭寇和北方边境的鞑靼不断袭扰边疆,成为困扰明朝的大问题。

首先是倭寇,这要从元朝讲起。元世祖忽必烈曾经两次远征日本,但都惨遭失败。到了元朝中叶,日本陷入内战,一些失败的武士就跑到中国沿海进行武装走私和烧杀抢掠,被称作"倭寇"。明朝建立之后,从辽东到广东沿海设置了50多个卫所,共20多万士兵来抵御倭寇。明成祖朱棣时还曾派兵大败倭寇。后来,日本内战结束,幕府的将军(当时日本天皇只是名义上的领袖,真正掌权的是室町幕府的将军)以"日本国王"的名义向明朝称臣,得以开展贸易,倭寇也大为收敛。当时贸易的形式是由明朝官府发给室町幕府作为合法贸易凭证的"勘合"文书,幕府的使节和商人需带着勘合文书到宁波的市舶司,以"朝贡"的名义与明朝官方开展贸易。但到了15世纪中叶,日本又陷入内乱,各个"大名"(割据地方的封建领主)相互混战不休,代表幕府进行"勘合贸易"的权利也成了争夺的对象。

明代仇英绘《倭寇图卷》(局部)　原件现藏于东京大学史料编纂所

嘉靖二年(1523),同时有两支前来"朝贡"贸易的日本使节团到了宁波,他们分别属于大内氏和细川氏,这是两个相互敌对的"大名"势力。这两拨日本人起了纠纷,相互之间拔刀相向,从宁波杀到绍兴,又杀回宁波,登船而去。他们沿途烧杀抢掠,杀害了不少明朝百姓和官兵。史称"争贡之役"。这个事件发生后，明朝官府关闭了宁波的市舶司，终止了和日本之间的官方贸易（当时明朝禁止民间与外国贸易）。于是明朝和日本之间的走私贸易以宁波近海的双屿为中心发展起来。东南沿海的豪族、商人与日本的海盗、武士相勾结，演变成规模庞大的"倭寇"集团，进行武装走私和劫掠活动。而当时海防废弛，浙、闽沿海卫所，"战船、哨船，十存一二"，士兵也只剩十分之四，完全无法抵御这些倭寇。

有一点出乎很多人的意料，"倭寇"的组成，只有十分之三是真正的日本人（真倭），而十分之七其实是中国人。其中颇有代表性的是号称"五峰船主"的王直。王直是徽州人，商人出身。他违背明朝的禁令，和同伴私自打造海船，从嘉靖十九年（1540）年开始，出海前往日本和东南亚做走私贸易，就连日本的大名也邀请他把基地设在平户岛（在日本长崎）。后来他成为海盗集团的首领，打造了能够容纳两千人、上面可以跑马的大船，还装备了葡萄牙传来的火枪、火炮，称霸一方，是名副其实的"海贼王"。王直一直希望明朝官府能够同意开放通商互市，作为交换，他可以约束手下的海盗不再侵扰沿海。当时江浙地方的总督胡宗宪答应了他，但在王直接受招降，满心欢喜地来到杭州时，却被浙江的地方官逮捕并斩杀。王直临死前还上书喊冤，说自己只是想要朝廷开放海禁，愿意"效犬马微劳驰驱""愿为朝廷平定海疆"。

戚继光

王直死后，海盗们失去了控制，倭寇四起，对沿海的侵扰愈演愈烈。甚至上岸建立据点，掳掠百姓，攻城杀将，几乎不可收拾。这时候，一个将领的到来扭转了局面，他就是抗倭名将戚继光。

南倭北虏与名将戚继光

戚继光是山东沿海登州卫的军户出身,世袭为当地卫所的军官,少年时就立下了"封侯非我意,但愿海波平"的志向。后来他继承了父亲的职位,在山东一带抵御倭寇。嘉靖三十四年(1555),戚继光被调到浙江,当时卫所部队的战斗力低下,不是倭寇的对手,于是他决心另起炉灶。他发现义乌一带民风剽悍,矿工们经常发生流血械斗,于是亲自来到义乌,招募了三千名矿工和农夫,组成了一支新部队。戚继光对这支部队进行了精心的训练,他严肃军法军纪,告诉士兵他们的职责是讨伐倭寇,不许为害百姓。他训练士兵使用藤牌、狼筅、叉、钯、棍、刀等适合与倭寇短兵相接的武器,还发明了"鸳鸯阵"等阵法与之配合。经过两个月的训练,这支部队开赴战场,大败倭寇,屡立战功,被誉为"戚家军"。

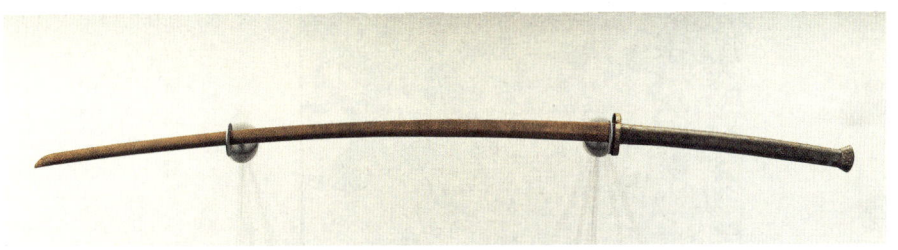

戚家军苗刀 现藏于南京城墙博物馆

到嘉靖四十二年(1564),在戚继光、俞大猷等将领的奋战下,东南沿海的倭寇活动逐渐被肃清。而此时戚继光又临危受命,前往北方应对蒙古人带来的边患。

庚戌之变

瓦剌首领也先一度在土木堡大败明军,并进攻北京,但之后就死于内乱。在他死后,瓦剌逐渐衰落,鞑靼强大起来。嘉靖时,鞑鞑靼部的首领是俺答汗,他占领了河套地区,不断侵扰明朝。嘉靖二十九年(1550),俺答汗从蓟镇进犯,一路打到北京城下。明朝想要组织抵抗时才发现,京师禁军部队纸面上的人数很多,其实都是虚报的,实际上只有四五万。其中还有一半是老弱病残,另一半被大臣、武将调去自己家使唤了,剩下的都被吓得涕泪交加,不敢应战。明朝紧急征调了几万援军,但都怯懦不敢战,还缺乏粮饷,把士兵饿得头昏眼花。当时掌权的是奸臣严嵩,他认为俺答汗只是来抢

《筹海图编》中收录的《舆地全图》(该图上东下西)

《筹海图编》是明代胡宗宪为防御倭寇,命人收集资料编纂而成的一部沿海军事图籍

东西的,"饱将自去"。还对手下说:"在边塞打仗,败了还可以隐瞒;而今在京郊打仗,败了就瞒不住了,所以最好是坚守不战,保全自己的军队就行。"完全不顾百姓的死活。十几万明军眼睁睁地看着俺答汗在北京城外掳掠了大量人口、牲畜、财物之后满意地退

走,不敢放一箭。史称"庚戌之变"。

为了防备鞑靼,明朝从明太祖到明孝宗期间,在长城沿线建立了辽东镇、蓟镇、宣府镇、大同镇、太原镇、延绥镇、宁夏镇、固原镇、甘肃镇九个边镇,称之为"九边",构成了北部边境的防御体系。其中蓟镇的防区从山海关到居庸关,绵延两千里,是防守京师的屏障。自"庚戌之变"中俺答汗从此突破、进犯京师以来,蓟镇十七年间换了十个守将,都因为不称职而被撤掉。明穆宗隆庆二年(1568),戚继光被任命为蓟镇总兵,主持这里的防务。

戚继光镇守蓟镇

戚继光到达蓟镇后,发现边军部队军纪废弛,就把"戚家军"从浙江调了过来,作为表率。三千浙兵到了之后,在郊外列阵,当时天降大雨,浙兵从天亮站到下午,纹丝不动。边军见了之后大为震惊,从此以后就老老实实地服从戚继光的军令。

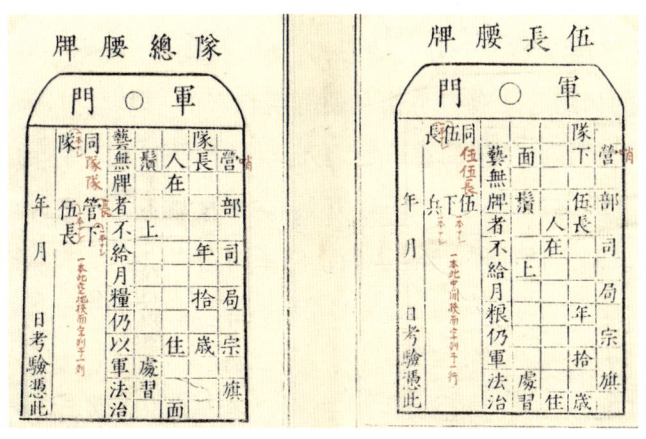

戚继光著《练兵实纪》书影

戚继光的另一个举措是加强长城的防御。在当时,长城主要是夯土墙,墙上也没有多少防御工事。戚继光修筑了大量的砖墙,大大加强了长城的防御力。他还在长城上修建了一千多座空心敌台(用于防御敌人的小型碉堡),敌台高五丈,内分三层,可以驻守上百名士兵并向外射箭。我们现在看到的砖石长城和敌台,很多就是出自戚继光之手。

戚继光还创制了骑兵、步兵、战车相结合的战术。作战时战车结成方阵,骑兵、步兵则部署在战车后面。当敌人接近时,先用火器射击,再让步兵用拒马(一种阻碍骑兵的障碍物)和长枪迎击;敌人退却时再派骑兵追击。这套战术十分有效。

戚继光在徐阶、张居正等内阁首辅的支持下,镇守蓟镇长达十六年,给大明的边疆带来了太平。继任者沿用他的方法,数十年都没出过什么事。戚继光还写了《纪效新书》和《练兵实纪》两部兵书,详细记述了兵员选拔、训练、武器、阵法、军令、行军扎营、作战兵法、战场格斗等各个方面的心得,还包括倭刀、火枪等方面的内容。他的兵书后来成为明朝和朝鲜所尊奉的军事经典,他自己也跻身当时世界第一流的军事家之列。他留下的"戚家军"也成为明末的一支劲旅。但从这个时候开始,募兵制逐渐成了明朝主要依靠的军事制度,卫所制度也逐渐走向了末路。

科举与才子

明朝读书人的"正途"是参加科举,考取功名。根据官方规定,每次科举考试的题目,都出自宋儒朱熹注解的四书五经,在答卷时必须采用"八股"文体,观点也只能从儒家经典和指定的前人解释中加以阐发,不能有自己的创新发挥。这种"带着镣铐跳舞"的考试方式成为明清两代选拔读书人做官的主要途径。

科举考试

科举就像一场"马拉松"比赛,读书人先要通过选拔考试,成为"童生",然后才有"参赛"的资格。"初赛"在地方州县和府进行,考试通过之后,就可以进入官方学校中就读,被称作"生员",民间俗称为"秀才"。秀才能得到官府发放的钱粮补助,不用承担徭役,拥有数十亩土地的免税权;秀才见到官员不用下跪,官员对他们不可以随便用刑,平民见了他们就要行礼,平时秀才也会参与一些乡间事务的管理。可以说考中了秀才,就从平民一跃上升为乡绅。很多"童生"考了一辈子,直到白发苍苍都还没通过这一关。

"生员"获得了参加"复赛"的资格,能去省城参加每三年一度的"乡试"。通过者被称为"举人",因此有"中举"之说。举人拥有更多的特权，免税的土地扩大到几百亩；在地方上也有不小的势力，连县太爷都得让他三分。但最重要的是，到了"举人"这一步，就有了做官的资格。就算在后续的"会试"中落榜，只要考了三次不过，就能去吏部挂名，成为候补官员。除此之外，举人还能和贡生（地方上挑选出的优秀的秀才）进入京师的国子监（最高学府），经过一段时间的学习并在官府部门进行实习之后，也能被授予一些小官职。

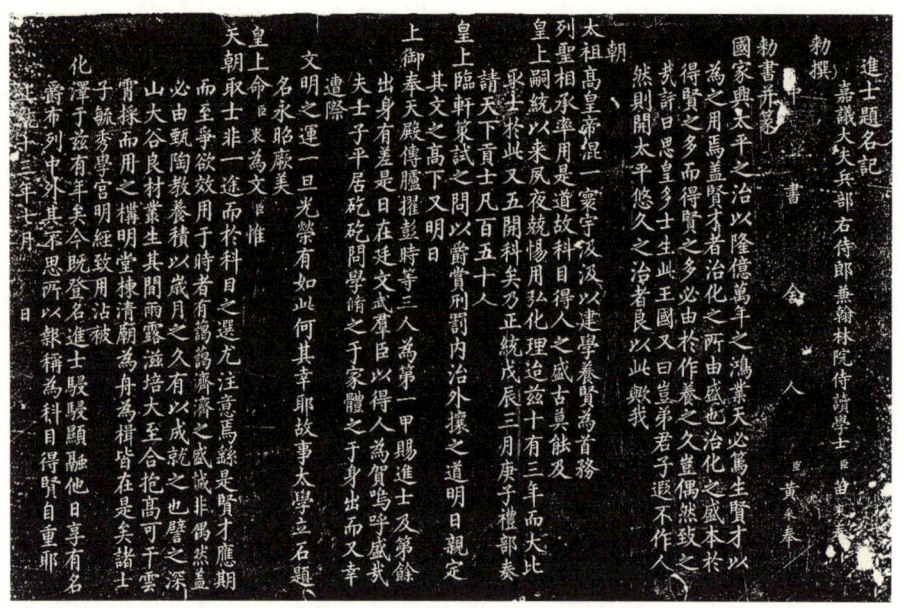

《元明清三朝进士题名碑录》（局部）　进士题名碑记录了元、明、清三代五万余名进士的姓名、籍贯、名次。碑原件现藏于孔庙和国子监博物馆。

最终"决赛"在京师举办。举人能够参加每隔三年由礼部主持的"会试"，在"乡试"的第二年进行。"会试"通过者再参加由皇帝亲自主持的"殿试"。其实通过会试就已经算是考中了，"殿试"只

科举与才子

是在形式上让皇帝展示选拔官员的最终权力而已,代表每个人都是"天子门生"。"殿试"的结果分为"三甲","一甲"只有三人,第一名"状元",第二名"榜眼",第三名"探花",统称"赐进士及第";余下的被列入"二甲"和"三甲",分别被称作"赐进士出身"和"赐同进士出身"。一、二、三甲统称为"进士"。据统计,明朝进士的平均年龄是三十多岁,他们历经近二十年的寒窗苦读,才总算抵达了这场"科举马拉松"的终点。进士就直接走上了仕途,可以进入翰林院或其他中央部门,也会被派到州县做地方官。明朝的高层文官乃至内阁大学士,基本上都是进士出身。

明文徵明绘《惠山茶会图》卷(局部)　原件现藏于故宫博物院

明朝初年,对于科举考试的录取名额没有严格规定。到了明中期,"乡试"的录取名额为每个省从几十到一百人左右;"会试"中榜的"进士"名额则是每次三百人,为了平衡地区差异,还分成了南、北、中三卷。据统计,整个明朝二百七十六年里一共产生了十万多名举人和二万五千多名进士。乡试的第一名叫"解元",会试第一名叫"会元",加上"状元",如果一个人在乡试、会试、殿试中都考取了头名,就被称作"连中三元",这在整个中国历史上也只有寥寥17人而已。对于朝廷来说,科举既是选拔人才的手段,也是给知识分子和地方精英们提供了一个飞黄腾达的机会,所谓"朝为田舍郎,暮登天子堂"。有了这个目标,读书人就一门心思研究如何通过考试获得官职,不会胡思乱想什么造反的事情。因此科举考试是巩固王朝统治的一个重要手段。

吴门才子

但对读书人来说,毫无疑问,科举是一场艰难的"马拉松",走到最后成功的机会渺渺;即便踏上仕途,也不一定顺利。很多读书人不想在科举考试上浪费自己的人生,就将兴趣转向诗文、书画等领域。到了明朝中叶,江南地区的经济、文化都非常繁荣,在苏州(别称吴门)就产生了这么一批文人。像祝允明、唐寅、文徵明和徐祯卿因为诗文上的成就被称作"吴门四大才子";而沈周、文徵明、唐寅、仇英等因为绘画上的成就被称作"吴门四家"(又称明四家),和他们的追随者形成了"吴门画派"。

"吴门画派"的创始人沈周,一辈子都没有参加科举,始终在家读书,吟诗作画,过着田园隐居的生活。他的画极其有名,每天前来求画的人都挤满了门口,即便是"贩夫牧竖"普通老百姓向他求画,也从不拒绝。甚至有人因为母亲重病而拿着一幅沈周画作的赝品来找他题字,希望能卖个好价钱来救母亲,沈周也欣然应允。过去中国画都是以宫廷画院的画师或者民间画工为主流,但从宋元开始,士大夫的"文人画"逐渐兴盛起来。文人画更多采用水墨写意,而不是工整细致的"工笔",来表达文人的审美情趣和个人思

科举与才子

想。沈周尤其擅长水墨山水画,诗(诗文)书(书法)画(绘画)三者在他手里结合了起来,成为吴门文人画的宗主。

世称"祝枝山"的祝允明则小时候就被称作"神童",但三十二岁时才中举人,之后六次参加会试都失败了,第七次和他的儿子一起考,结果儿子中了进士,自己却还是落榜。他从此不再参加科举。后来他以举人的身份被授予官职,干了一年多就辞官回到苏州,开始游戏人生。他性格洒脱,不拘小节,留下不少风趣幽默、能言善辩的传说。祝枝山擅长诗文和书法,独特的狂草尤其有名,在当时有"唐伯虎的画,祝枝山的字"之说。

唐 寅

后世最有名的吴门才子就是唐寅(唐伯虎)了,他的家庭出身是在苏州城中开酒馆的。但他自幼熟读典籍,从十六岁开始参加科举,一直都是头名。二十八岁时去南京参加乡试,中了第一名

唐寅《事茗图》(局部)　原件现藏于故宫博物院

"解元",因此世称"唐解元"。大家都觉得一颗科举的新星正在冉冉升起,但命运跟他开了个玩笑。第二年,唐寅进京参加会试,不料卷入一场科举舞弊案中,虽然后来证明他是无辜的,但还是受到牵连,被发配到浙江做一名小吏(没有品级的低级官员)。心高气傲的唐寅深以为耻,坚决不去就职。失意的他远游江南、福建、江西、湖南等地,回到苏州之后,在城北找了一座废弃园林,在上面盖了"桃花坞",后半生就主要生活在那里。

唐寅年轻时就有绘画天赋,据说几乎是无师自通。后来他生活贫困,经常以卖画为生。他擅画山水以及工笔人物,尤其是仕女画,在当时是一绝。他笔下的女性有不少幽怨惆怅之感,其实正是他内心郁郁不得志的写照。唐寅一直渴望能够施展自己的抱负,宁王朱宸濠趁机将他聘请到府中任职。唐寅到了南昌,才发现宁王竟然阴谋造反。于是他不得不裸奔装疯,逃过一劫。唐寅回到桃花坞,依然过着纵酒浇愁、傲世不羁的生活,直到去世。为他书写墓志铭的,正是其挚友祝枝山。后世人们都以"风流才子"来看待唐寅,还编排了"唐伯虎点秋香"的传说,可以说是以此寄托了对他的无限钦佩和同情。

文徵明

在"吴门四才子"中最为长寿、后来成为文人圈子中心人物的是文徵明。文徵明是文天祥的后人,父亲是明宪宗时的进士。但他自己天分不高,十一岁才开口说话,后来参加了九次乡试都失败了,连举人都没考上。他经常和唐寅、祝允明、徐祯卿等才子一起出游,以诗文、书法、绘画互相唱和,是很好的朋友。唐寅失意出走远游时,就把家里的事情托付给文徵明;等唐寅回到苏州,文徵明还多次劝他要振作起来,不可颓废下去,甚至导致两人一度失和。后来唐寅专门写了《答文徵明书》向他道歉。比起怀才不遇的唐寅,文徵明的性格比较温和、清醒,宁王也曾招他去任职,但被文徵明以生病为由拒绝了,直到宁王谋反失败,人们才都佩服他的先见之明。

  文徵明后来被称为诗、文、书、画"四绝",但他年轻时字写得不好,还曾因此一度被禁止参加乡试。后来他发奋学习书法,在行书和楷书上都有很深的造诣,被后世评价为"明朝楷书第一"。文徵明的绘画师从沈周。一开始沈周还怕画画会影响文徵明的学业,不肯教他,但后来还是将衣钵传给了文徵明。当时有不少人来求文徵明的字画,但他十分谨慎,不轻易把自己的字画给富人,尤其不肯答应来自王府和宦官的要求。连外国使者路过苏州,都对着文徵明住的地方行礼,以没见到他为憾事。

  文徵明为人,既有温和的一面,又有耿直的一面。五十四岁时,他以贡生的身份参加吏部的选拔,才得以被授予翰林院待诏的职位,因此后来也被称为"文待诏"。但他不肯巴结权贵,又在翰林院受到嫉妒和排挤,有中过状元的同僚说:"我们这里又不是画画的画院,怎么能让画师待在这里?"于是文徵明干脆辞官回到了苏州。晚年文徵明号称"文笔遍天下",作为吴门文人的领袖数十年,到九十岁时才去世。

  在"万般皆下品,惟有读书高",人们汲汲于科举功名的时代,吴门的才子们可谓"不务正业"。但也正是因此,他们才得以遵从自己的内心,在诗、文、书、画中度过了自由而又精彩的一生。

从中兴到衰落

到了爱好"修仙"的嘉靖皇帝晚年,朱元璋为大明帝国设计的经济和军事两大支柱制度,正逐渐崩坏,立国近二百年的明朝面临着危机。

危 机

一方面,依靠赋役黄册和鱼鳞图册支撑的财政制度,此时却收不上税了。在朱元璋洪武二十六年(1393)全国有土地 8 577 623 顷,但到了明孝宗弘治十五年(1502),只剩下 4 228 058 顷,减少了一半。洪武二十六年,全国人口有 10 652 870 户,共 60 545 812 口人;而在弘治四年,人口减少到了 9 113 446 户,共 53 281 158 口人。在没有经历大规模战乱的情况下,土地和人口怎么还变少了呢?原来这些其实是向官府登记的数字,后来有很多土地都被赏赐给了宗室藩王;除此之外,很多达官贵人或者地主占有了大量土地之后,就隐瞒不报;不少老百姓要么投靠那些有势力的豪门,要么干脆逃亡成为流民,在申报户口的时候也就"隐身"了。这么一来,人口和土地的减少就导致了财政收入的大幅下降。

另一方面,原本带有"兵农合一"色彩的卫所制度,由于官员腐败、负担沉重、世袭军户的地位低下,士兵不断逃亡,无法自给自足,战斗力也大幅下降。明朝不得不改用募兵制,招募士兵入伍,按月发给军饷。当时,从朝中大臣到军队将领,克扣军饷、贪污受贿成风;加上"南倭北虏"的边患,巨额的军事开支超过官府的收入数倍。

明穆宗坐像

与此同时,明朝的官僚队伍不断膨胀,有十几万之多。嘉靖为了修仙、建造宫殿又挥霍了大量钱财。嘉靖后期,每年财政亏空就有上百万两。到了嘉靖的儿子明穆宗隆庆元年(1567),户部(主管财政)的"太仓"银库存银135万两,而年支出达553万两;"京仓"的存粮678万石,每个月的支出就有262万石,可谓入不敷出,赤字严重。

在这种情况下,明官府只能不断地加派各种赋税,最后都落到了老百姓头上。很多佃农破产成为流民,农民起义不断。明朝是非改革不可了。

张居正改革

拯救这一危局的是明神宗万历初年的内阁首辅张居正。张居正少年时就以才学闻名,十六岁中举人,二十三岁就中了进士,在穆宗时得以进入内阁。在他的努力下,促成了明朝册封鞑靼部的俺答汗为顺义王,允许边境贸易,北部的边防得以安宁。穆宗去世后,张居正在政治斗争中击败了高拱,成为内阁首辅。当时即位的万历皇帝朱翊钧只有十岁,张居正得到了太后的信任,并且与太监冯保(掌握司礼监和东厂)结成联盟,因此得以独揽朝政,万历皇帝更是尊称张居正为"张先生"。在这种情况下,张居正得以开展大刀阔斧的改革。

张居正首先要整顿的是吏治。在当时,吏治腐败,官员们对政务都敷衍了事,地方上拖欠赋税是常事。于是张居正在万历元年(1573)推行了"考成法",规定凡是公务都设立期限,根据期限"月有考,岁有稽"逐月逐年来考核完成状况,没能完成的就要论罪。同时强化从朝廷到地方各级的督察制度,大大提高了各级官府的办事效率。

在整顿了吏治之后,张居正重新丈量土地,调查人口。万历六年(1578)的调查结果,全国土地 7 013 976 顷,增加了近 300 万顷;户口则有 10 621 436 户,共有 60 692 856 口,增加了近 700 万户。这些原先被隐匿的土地和人口,都是从宗室、土豪手里清查出来的。

明定陵出土九龙九凤冠　现藏于中国国家博物馆

在此基础上,张居正得以推行对后世影响最大的改革措施——一条鞭法。从朱元璋时代开始,老百姓就要缴纳粮食作为田赋,还要亲自去给官府服劳役。但后来,有些地方允许以缴纳银两的方式来代替。于是张居正就把"赋"和"役"全都改成征收银两,合并一起征收,在全国推行。在以往,征收的赋税还要由粮长送到官府指定的地方,但张居正让老百姓把银子交给当地的衙门即可,由官府自己负责押运。这些举措大大提高了官府的收入。同时,用银子来代替服劳役,给了老百姓更多自由;而原本田赋要收取的粮食、丝、棉等都要卖成银两再交给官府,也大大刺激了商业的发展。

除此之外,张居正的措施还包括裁撤了2万多冗余的官僚、根据收入状况来节省官府开支、任用戚继光等良将镇守边境等等。张居正改革彻底扭转了原本财政困难的局面。到万历十年,国库充实,形成了"中兴"的局面。

然而对于张居正个人来说,危机却一直潜伏在他身后。从万历元年担任内阁首辅到万历十年去世,张居正是实际上的最高统治者。张居正也因此享受到了权力的滋味,当时很多文武官员都对他谄媚讨好,而一些不肯逢迎他的官员,就遭到张居正的肆意打击。

而且张居正与万历皇帝的关系也不好。对于童年期的万历皇帝来说,张居正是个严厉而又可怕的"先生"。当太后教训小皇帝时,都拿张居正来吓唬他。万历皇帝爱好书法,曾把自己的作品赠给张居正,张居正先是夸了一番,然后话锋一转,就说"帝王之学,当务其大",皇帝不应该沉迷于"写字"一事,使得万历很久都不敢再碰书法。万历十八岁时,一次酒醉之后杖责两个无辜的宦官,导致太后勃然大怒,差点废了他,并让张居正为皇帝起草"罪己诏"(检讨书)。结果张居正的措辞十分严厉,连万历看了都感到颜面尽失。

明神宗坐像

万历十年(1582),张居正去世,万历皇帝开始亲政。此时一些官员开始上书攻击张居正,万历也对曾经威胁到皇权的"张先生"有着严重的逆反心理。于是下令将张居正抄家,剥夺张居正所获得的一切官位与荣誉,其家人要么被逼死,要么被流放。张居正任用的人也都遭到打击。从此以后,继任的内阁首辅们为了避免重蹈张居正的覆辙,对皇帝都服服帖帖的,万历皇帝得以把权力牢牢掌握在手中。

万历亲政

那么万历亲政后都干了些什么呢？除了前几年还有些励精图治的样子之外，比较有名的就是"怠政"和"矿监税使"。

先说"怠政"。本来，万历皇帝就会因为身体不好而不见大臣、不临朝处理政事。后来发生了"争国本"的事件（万历不喜欢宫女所生的长子朱常洛，而想立宠信的郑贵妃所生的朱常洵为太子，这与明朝的皇位继承法则不合，遭到大臣们的反对。争执了十五年，最后才被迫立朱常洛为太子），万历和大臣们较上了劲，干脆就待在深宫里不出来，十几年不上朝、不见大臣。除了一些极其重要的事务之外，对奏章都置之不理。但没有皇帝的批示，官员的选派、调任、升迁都无法进行，连中央六部的高官都没有办法正常任命，令官府的运行陷入半瘫痪状态。像户部没有人接收各地运来的银两，也没人发放给边境的军饷。刑部缺乏官员，使得被监禁的囚犯累积到上千人都得不到审理，甚至有无辜者一直被耗死在监狱里面。在吏部，等候任命的官员积累到七八百人，有人直到穷困而死都还得不到任命。当时有御史

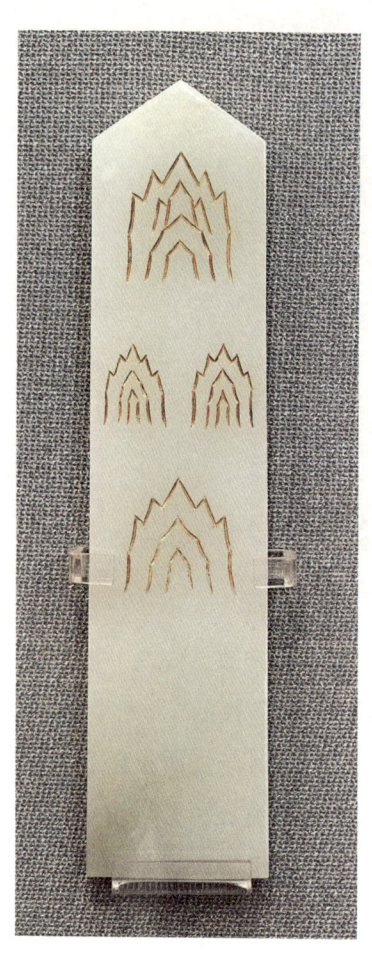

定陵出土玉圭

上书说:"台省(指朝廷部门)空虚,诸务废堕,上深居二十余年,未尝一接见大臣,天下将有陆沉之忧。"面对这种警报,万历却依然置若罔闻。

那么万历对什么事情最上心呢?答案是金银财宝。万历皇帝十分贪婪和奢侈,为此折腾得国库空虚,于是派出宦官前往各地敛财。有的开采金银等矿藏以牟利,称之为"矿监";有的向各地的工商业者收取重税,是为"税使"。矿监税使的盘剥,使得商业萧条,民生凋敝。陕西巡抚上书说税使搜刮了"民脂一百四十余万,民间皮肉俱尽"。像运河上的商业城市临清,32间绸缎店关闭了21家,73家布店关闭了45家,各种杂货店倒闭了41家,从辽东来的布商都绝迹了。而国库正常的收入也被矿监税使夺取,三年内官府的税收因此亏欠了近200万两。各地纷纷发生反抗矿监税使的民变,连不少地方官也都站在民众这边。像在丝织业发达的苏州,当地的税使向每台织机、每匹绸缎征收税银,因此而失业的织工2 000多人被逼得起义。后来万历皇帝在压力下不得不有所收敛,停止再派出这种怨声载道的爪牙。

万历的怠政和贪婪将张居正改革的成果消耗殆尽。到了晚年,吏治败坏,军队腐朽,土地又集中到达官贵人和地主们的手里。加上"万历三大征"(在宁夏、贵州和朝鲜发生的三场战事)和辽东女真崛起,军费开支巨大,财政危机又卷土重来。

万历四十八年(1620),明神宗去世。他留下的是一个党争激烈、财政空虚、民变兵变此伏彼起、外敌虎视眈眈的帝国。所以后世人们评价"明之亡,实亡于神宗"。

西来的"夫子"

万历二十三年(1595)春,在江西吉安,出现了一个奇怪的陌生人。他穿着深紫色丝绸制成的长袍,两边有着长而阔大的袖子;下摆一直触到双脚,镶着一条半掌宽的深蓝色的丝边;宽大的双袖和领子悬到腰部,也镶着同样的丝边。这是当时士大夫拜见官员时的礼服,而穿着这件衣服的人却长着一张高鼻深目的异国面孔。他,就是来自意大利的耶稣会修士利玛窦。

耶稣会是一个从属于罗马天主教会的教徒组织。当地理大发现的时代来临,欧洲人远航到了非洲、亚洲、美洲,耶稣会的传教士们也接踵而来,试图将天主教的信仰传播到这些地区。耶稣会创始人之一的方济各·沙勿略就亲身来到远东进行传教活动,曾经踏足新加坡、马六甲、日本等地。但由于明朝的海禁政策,他始终没能进入中国内地一步,最终于1552年病逝于广东沿海的上川岛。1553年,葡萄牙人取得了在澳门居留的权利,自那以后,澳门就成了耶稣会传教士在远东活动的基地。

利玛窦传教

1582年,三十岁的利玛窦来到澳门。此前他在罗马大学学习

西来的"夫子"

过法律、天文、数学、哲学、神学,还师从数学家克拉维乌斯攻读几何学、物理学、天体力学、地图学和机械学。之后他加入耶稣会,前往亚洲传教,并在印度成为神父。利玛窦来到澳门之后,开始学习汉语,为将来进入中国传教做准备。一年后,利玛窦和他的同伴得到许可,来到广东肇庆。在那里,他们剃了光头,穿上僧服。原因是耶稣会在日本传教时,模仿佛教禅宗的穿着,收到了不错的效果。所以利玛窦在中国也如法炮制,希望借此博取人们的好感,当时的人们也都以为他们是佛教的一派。但是后来肇庆的地方官对传教士并不友好,于是他们转移到了韶州。在那里,很多人被他们从欧洲带来的书籍、圣母像、地图、三棱镜以及星盘和自鸣钟这样的机械装置所

利玛窦像

吸引,前来拜访他们。一位来自苏州的读书人瞿汝夔听说利玛窦会炼金术,所以前来请教。但他很快就被利玛窦丰富的科学知识和天主教义所吸引,成为利玛窦的好友。而从瞿汝夔那里,利玛窦也得到了一个重要情报:和日本不同,在中国最为受到尊崇的不是佛教,而是儒家的孔孟之道。这标志着利玛窦传教事业的一个重大转折——从此他不再把自己包装为一个佛教徒,扮演起儒家士大夫的角色来。当他前往江西拜访一位曾在韶州任职的官员时,

就穿上了开头所说的服装,在士大夫群体中出现。

利夫子

　　利玛窦埋头钻研儒家的四书五经,到最后能够流畅地背诵其中的内容,引经据典地与士大夫对话并讨论问题,因而很多人都把他视为"西儒",甚至尊称他为"利夫子"。除了衣、食、住、行与中国人一致之外,利玛窦还做出了很多努力,将天主教也"中国化",写了很多用儒家思想阐发天主教教义的书。他借用儒家经典《尚书》中就有的"上帝"一词,来翻译天主教的神,并声称"吾天主,乃古经书所称上帝",把两者划上等号。他还把儒家的"仁"和教义中的基督"爱"联系到一起,说"仁"就是"爱上帝重于爱其他事物,爱别人如爱自己"。他还对教规进行了变通,允许信徒继续祭祀祖先、崇拜孔子。对此,利玛窦说自己是"八万里而来,交友请益,但求人与我同,岂愿我与人异"!当东西方两大文明相遇的时候,这种"求同存异"、相互理解的做法,大大帮助了利玛窦的传教事业,吸引了很多儒家士大夫与他接触,进而成为天主教徒。像徐光启就是其中的代表。

　　徐光启,松江府上海县人,万历三十二年(1604)进士,后来官至内阁大学士。他26岁时就接触到了传教士,38岁时,终于在南京与利玛窦会面,成为利玛窦的好友。他读了利玛窦撰写的《天主实义》后说:"百千万言中,求一语不合忠孝大旨,求一语无益于人心世道者,竟不可得。"认为天主教与传统儒学没有任何矛盾之处。三年之后,徐光启又来到南京,但此时利玛窦已经北上前往北京。于是他在南京跟随传教士罗如望学习教义,接受洗礼,正式成为天主教徒,教名保禄(Paulus,即保罗)。徐光启以自己的才智、地位和影响力支持天主教在华的活动,被称为天主教在中国的"柱石"

之一。万历四十四年(1616),发生了一些朝廷官员请求驱逐天主教的"南京教案",徐光启亲自写了《辨学章疏》为自己的信仰辩护,他说天主教"欲使人人为善,以称上天爱人之意",而且"其说以昭事上帝为宗本,以保救身灵为切要,以忠孝慈爱为工夫,以迁善改过为入门,以忏悔涤除为进修",各个方面都可以用来补充、改进传统的儒家和佛教,进而有益于世道人心。这代表了当时不少信仰天主教的士大夫的看法。

传播科学知识

利玛窦传教的另一个重要"武器"是来自西欧的科学知识,把当时西欧在数学、物理、天文、地理、机械等方面的成就介绍到中国来,以取得人们的信任。当时像瞿汝夔、李之藻等士大夫,正是看

《坤舆全图》 清康熙时来华传教士南怀仁仿明末利玛窦《坤舆万国全图》绘制的世界地图,后又出版《坤舆图说》对此图加以解说。现存世的版本有日本东洋文库藏本、法国国家图书馆藏本、神户市立博物馆藏本等。

到了利玛窦"高测九天,深测九渊",都没有丝毫差错,才为其科学知识所折服,进而相信了他口中的"上帝"。

利玛窦带来的最"震撼"的东西是世界地图和地球仪。他在肇庆时,在礼拜堂的墙上挂了一幅世界地图,地理大发现之后欧洲人所获得的地理知识都反映到了这张地图上。在此之前,大多数中国人都相信"天圆地方",认为自己是"天朝上国",周边都是不值一提的蛮夷。而看到这幅地图和地球仪之后,人们才发现地球是圆的,认识到经线、纬线,明白中国只是世界上的众多国家之一,从而对中国之外的世界产生了好奇心。正如利玛窦自己所说的:"要使中国人重视基督教,翻印这幅世界地图是最妙、最有用的工作了。"万历三十年(1602),天主教徒李之藻在北京刊刻了利玛窦带来的世界地图,将其命名为《坤舆万国全图》。很多我们现在熟知的地理名词如北极、南极、地中海、日本海等,都出自这里。但这幅地图相比于欧洲的世界地图,做了一个很有意思的改变。原本欧洲的世界地图,是以大西洋为中心,美洲大陆在左边,欧亚非三大洲在右边。但这样的话,远东的中国和日本就位于地图的右侧边缘。为了让中国人能更容易地接受,利玛窦把中国放到了世界地图

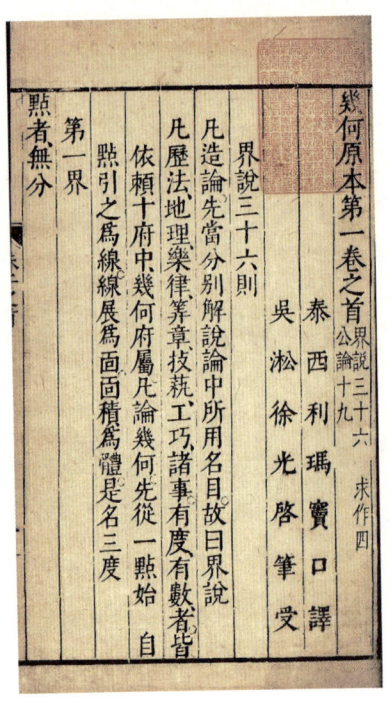

《几何原本》书影

西来的"夫子"

中央偏左的位置,而欧洲和美洲分别位于地图的左右边缘。时至今日,我们中国出版的世界地图仍然沿用了这种样式。

利玛窦的另一个重要贡献,是和徐光启一起翻译了古希腊数学家欧几里得的经典著作《几何原本》。这本书共有十五卷,是数学、物理、天文、地理等方面的基础著作,由利玛窦口授,徐光启笔录,一共翻译了前六卷。"几何"这个名称,就来源于此;而点、线、直线、曲线、平面、平行线、直角、钝角、锐角等术语也是来自这本书,直到现在,莘莘学子还依然学习、使用着这些方面的知识。

中西文化交流

万历二十八年末(公历 1601 年初),利玛窦抵达了北京,向万历皇帝献上了自鸣钟、圣像及珍珠镶嵌十字架、万国图志等礼物。万历对这些礼物十分感兴趣,后来还派人向利玛窦询问各种问题。皇帝的宽容态度,让利玛窦得以在北京顺利居留下来,建立教堂,开展传教。官员和士子们纷纷前来拜见利玛窦。利玛窦热忱地进行着他的事业,直到万历三十八年因为积劳成疾而病逝于北京,最终被安葬在了中国的土地上。他除了把来自西方的宗教与科学带入中国之外,也是把中国文化传到西方的使者。万历二十一年(1593),利玛窦把"四书"译为拉丁文,寄回意大利。天启六年(1626),比利时耶稣会士金尼阁把"五经"译成拉丁文,在杭州刊印。中国的典籍逐渐传到欧洲,也深深影响了后来的启蒙运动。

得益于利玛窦和很多其他传教士的努力,天主教在 16 世纪到 17 世纪的中国得到了广泛的传播。万历十三年(1585)年,利玛窦刚到中国时,全国的天主教徒只有 20 人;万历二十四年有 100 多人,万历三十一年约有 500 人,万历三十三年有 1 000 多人,到万历三十八年(1610)利玛窦去世时,已经有大约2 500人。在利玛窦的基础上,天主教在华迎来了迅速发展的时期。万历四十三年,信徒增加到5 000人;万历四十五年有13 000人;崇祯九年(1636)有38 200人;到了清顺治七年(1650),竟增加到了15万人之多。清军入关之后,在南明最后一位皇帝永历帝朱由榔的宫廷里,太子、太后、皇后都皈依了天主教,永历皇帝还曾派遣使者向罗马教廷求援。天主教的影响达到了一个高峰。

位于上海徐汇区的徐光启像

文化小札

崇祯历书

传教士和中国天主教徒翻译了众多欧洲的科学知识成果,除了《几何原本》之外,还有《同文算指》(介绍算术方法)、《远西奇器图说》(机械相关的著作,介绍了重心、比重、杠杆原理、滑轮等)、《泰西水法》(介绍水力机械)、《名理探》(逻辑学)、《职方外纪》(地理大发现的地理学知识)等。除了翻译介绍,传教士和中国天主教徒还合作进行了一个"科研"项目,就是明末的《崇祯历书》。

天文历法被视为与"天命"有关,传统王朝对其特别重视。原本明朝官方沿用《大统历》,是依据元代郭守敬的《授时历》而编订的,除此之外,还参用了从中东传入的《回回历法》。随着时间推移,误差日积月累,对天象的预测屡次发生失误。崇祯二年(1629)五月一日发生了一场日食,掌管天文历法的钦天监对此的推算完全失误。于是崇祯皇帝下令修订历法,由天主教徒徐光启、李之藻两人负责,他们又请龙华民、汤若望等耶稣会传教士来参加历法的修订。他们把西欧的格里高利历和中国传统历法相互比对、结合,最终成果就是《崇祯历书》。

《崇祯历书》引入了第谷、哥白尼、开普勒等西方天文学家的著作,还介绍了西方数学家的成果,结合"地球"、经纬度、黄道赤道坐标等概念,大大提高了日月食等天文现象测算的精度。可以说,达到了当时世界天文学的先进水平。

闯王传奇

崇祯末年，中原地区流行着一首民谣："朝求升，暮求合，近来贫汉难存活。早早开门拜闯王，管教大小都欢悦。杀牛羊，备酒浆，开了城门迎闯王，闯王来了不纳粮。""闯王"指的是李自成，而这首民谣所描述的就是明末农民大起义中发生的事情。

到了明朝末年，官僚、贵族、地主大量占有土地，农民纷纷破产，官府陷入财政危机；吏治腐败，贪官污吏大肆搜刮民脂民膏；朝廷内部政治斗争激烈，加上外敌入侵，内忧外患。但在明末，还遇上了一个前所未有的问题：气候变化。

从明神宗万历后期到明熹宗天启年间，中国的气候显著地变冷，被称作"小冰期"。气候寒冷带来温度和降水量的下降，旱灾、严寒、蝗灾、洪水、瘟疫等也纷至沓来，北方的蒙古、女真等民族也因为极端气候导致的生存压力而南下，造成边患。而明朝内部因此爆发饥荒，进而演化成农民起义。

农民起义

明末的农民大起义是从陕西开始的。陕西在当时是较为贫瘠的地区，到了崇祯初年，随着灾荒的到来，大量百姓成为饥民。当时有官员报告说,陕北的延安府自崇祯元年(1628)开始,一整年都没下雨。百姓先是吃野草,再剥树皮为食,等到树皮吃完了,就只能吃山中的土石,没几天就会腹胀下坠而死。为了寻找一条生路,饥民们不得不造反攻打官府。

李自成像

与此同时,由于明末严重的财政危机,西北地区的士兵往往长期得不到军饷。甚至有一批被派去支援与后金作战的部队,因为得不到军饷和食物而溃散逃回陕西,参加造反。明朝官府在财政危机下还裁撤了天下十分之三的驿站,在陕西,很多驿站的驿卒失去了生计,也被逼加入造反队伍里。像后来在明末大起义中活跃的李自成、张献忠,就是驿卒、士兵出身。

从崇祯三年起,农民起义军纷纷进入山西,以"闯王"高迎祥为首领。之后,农民军趁着冬季黄河结冰,南下进入中原地区,分兵向四面八方进攻。此时李自成也率领了一支起义军部队,号称"闯将"。崇祯八年,高迎祥、李自成、张献忠等率领的起义军攻下了中都凤阳,烧毁了朱元璋的祖坟。明朝官府为之震动,派洪承畴、卢象升、孙传庭等率领大军对付起义军。在一次战斗中,"闯王"高迎祥中了埋伏,被俘虏之后遭到杀害。李自成继承了"闯王"的旗号。但此时明朝官府大举增兵,多路围剿,形势对起义军逐渐变得不利起来。李自成在潼关中了官军的埋伏,只剩下十八骑逃往商洛山中。而张献忠进攻南阳失败,被迫接受了明朝官府的招安。其他起义军也纷纷投降。于是明朝把精力转向了辽东,对付清朝。

李自成征战四方

但张献忠只是暂时假意投降。经过一年的休整训练,张献忠于崇祯十二年(1639)再度起兵造反,转战四川、湖北,最后在四川建立了"大西"政权。李自成也趁机东山再起,率部进入河南。此时河南、山东也发生了灾荒,而且百姓由于朝廷的"三饷"(明末为了支撑巨大的军事支出而向百姓加征的赋税,分别是为辽东战事而征收的"辽饷"、为剿灭农民军而征收的"剿饷"、为训练新部队而征收的"练饷"。"三饷"到后来达到一年二千万两之多,远超正常赋税数倍)加派而苦不堪言,因此纷纷加入李自成的部队。尤其重要的是,像李岩、牛金星、宋献策等读书人也加入了李自成的队伍,他们为李自成制定了"均田免粮"(平均分配土地、减免赋税)的口号,李岩还创作了开头那段"迎闯王,不纳粮"的歌谣,让儿童传唱,吸引了更多人投奔起义军。

崇祯十四年(1640),李自成攻下洛阳,这里是万历皇帝的儿子福王朱常洵的封地。福王靠着皇帝赏赐和横征暴敛囤积了数量惊人的财富,李自成杀死福王后,将他的财富都分给了饥民们。各地百姓纷纷响应李自成,不少其他起义军也纷纷投奔李自成。

《剿贼图记》插图,本书记录了作者在崇祯年间与流民斗争的事,古籍原本现藏于美国国会图书馆

李自成之所以能得到那么广泛的拥护,除了"均田免粮"、赈济饥民,也和他的品德与纪律分不开。他不好酒色,吃的粗粮糙米,和部下同甘共苦。日常穿着打扮、言行举止和普通士兵没有区别,军中不少人甚至都不知道他就是李自成。他率领的起义军不准士兵私藏金银,经过城市时不准擅闯民宅,晚上睡觉时也只罩着单布。如果有谁侵犯妇女,就会遭到严惩。他们军纪的严明不仅与

腐败的官军形成鲜明对比,也远远超过了其他农民军。

趁着明朝军队的主力在与清军交战,李自成率军南下,在襄阳建立了政权。他在那里设置官吏,分配耕牛和土地给百姓,与明朝分庭抗礼。李自成召集谋臣们讨论推翻明朝的战略,有人主张从从河北直取北京;有人建议先攻下南京,夺取江南,断绝北京的粮食供应;还有人则觉得打南京太慢,直攻北京则太险,不如取陕西,以西北为根据地,再经山西攻打北京。李自成选择了最后一种意见,但这也为将来的失败埋下了祸根。

建立大顺

当时镇守陕西的是督师孙传庭。他知道起义军不好对付,所以要积聚粮草、训练部队,再与李自成作战。但关中的地主豪绅们不愿意负担军饷,不想孙传庭留在陕西。所以他们勾结朝廷官员攻击孙传庭是在故意拖延,浪费军饷,还威胁说如果还不出战,就要派人来逮捕他。崇祯皇帝相当刚愎自用、急于求成,对大臣并不信任,也催促孙传庭尽快进兵。最终,孙传庭只得勉强率军开赴河南,与李自成决战。李自成派轻骑切断了官军的粮道,击败了官军,孙传庭在潼关战死。从此明朝再也没有能阻止农民军的力量,《明史》也这么评价:"传庭死,而明亡矣。"

之后,李自成顺利攻下陕西,在西安称帝,正式建立大顺政权,还开科举取士。李自成的大军号标有步兵40万、骑兵60万,在崇祯十七年(1644)二月,东渡黄河,从山西进攻北京。河南、山西各州县的百姓传唱着"开门迎闯王,不当差,不纳粮"的民谣,驱逐明朝官员,欢迎大顺政权派来的地方官。大顺军只在宁武关遭到了激烈抵抗,其他沿路上的军事重镇都望风而降。明朝宣府巡抚想

闯王传奇

要抵抗,但士兵都不听指挥,拒绝执行命令;城中百姓听说李自成不滥杀无辜、免除赋役,都欢天喜地打开城门迎接大顺军。

盛极而衰

面对逼近的李自成,北京城里的明军只有十万老弱残兵,逼得崇祯帝把太监都尽数派到城墙上守城。崇祯帝还下令百官、勋戚、太监捐助军饷,结果到最后只征集到了20万两。有人劝崇祯帝本人或者派太子南迁,但崇祯害怕背负骂名,一直下不定决心。

等到大顺军兵临北京城下,城外明军作鸟兽散,把大炮都留给了他们。大顺军用大炮攻城,"轰声震地",攻入城内。绝望的崇祯帝发出"朕死无面目见祖宗,自去冠冕,以发覆面"的哀叹,与太监王承恩一起在万岁山(俗称煤山,今北京景山)上吊身亡。自明太祖朱元璋称帝至此共二百六十七年,明朝中央政权就此覆亡。

"辽州之契"印 李自成于崇祯十六年建立"大顺"政权后,效仿明制完善各项制度,此印即当时颁行的地方官印。原件现藏于故宫博物院

胜利之后，李自成"毡笠缥衣，乘乌驳马"，自德胜门入城。但李自成和他的部下很快就松懈、腐化了起来。攻下北京之后，大顺军向明朝的官僚、士绅"追赃助饷"，勒令他们交出规定数额的银两，不从者就对其用刑。结果一共获得了7 000万两白银。但他们既没有用这些银两赈济京城的平民，又因为"追赃助饷"而失去了官绅对大顺政权的支持。而昔日纪律严明的大顺军自从入城之后，军纪也逐渐败坏，开始抢掠金银、奸淫妇女。李自成手下的将领和谋臣们也都纷纷沉迷于权、钱、酒色；李自成本人刚入宫，就召了数十名唱戏的进宫，失去了曾经的斗志。

此时明朝山海关守将吴三桂手里，仍然掌握着精锐的五万多部队。他原本准备归降大顺，当他得知自己的父亲被大顺军拘捕"追赃助饷"，就起兵与大顺政权对抗。李自成的将领们听到这个消息，竟然"无一人欲战者"。李自成只好亲率十余万部队前往山海关。没想到，这一战，就成了"闯王"传奇盛极而衰的转折点。

清代玉石梅花铜镀金珐琅盆景
现藏于南京博物院

清朝的诞生

1636年,是明朝的崇祯九年、后金的天聪十年。这一年初夏,在后金都城沈阳,努尔哈赤之子、"天聪汗"皇太极祭告天地,将国号从"金"改为"大清",将自己的头衔从"汗"改为"皇帝",将年号从"天聪"改为"崇德"。清朝正式建立。

十年前,皇太极刚即位的时候,他所面对的形势还十分严峻。在辽东地区,汉人不堪后金的掠夺和奴役,要么逃亡,要么千方百计展开反抗。明朝虽然没有力量再大举进攻,但他们断绝了贸易,导致后金经济凋敝,粮食缺乏。在周边,朝鲜作为明朝的藩属,与辽东的剩余明军联手对抗后金;蒙古察哈尔、喀尔喀等部也协助明朝进攻后金。而皇太极自身的权力也不稳固,他父亲努尔哈赤留下的是八位"和硕贝勒"(最尊贵的贵族称号)共治国政的体制,皇太极本人只是其中之一,虽然贵为"汗",但权力依然要受到另外几位"贝勒"的制约。

扩充实力

皇太极即位之初,就采取措施治理、保护境内的汉人,缓和民族矛盾;并削弱其他几位"贝勒"的地位,强化自己的权力。之后他就率军出征朝鲜,掠夺了大量的人畜财物,大大缓解了后金的经济压力。但对于皇太极来说,最棘手的对手是明朝。

一开始,皇太极还试图和镇守宁远的袁崇焕议和,但当他进攻朝鲜归来,得知明军在锦州、大凌河等要地筑城的消息时,就立即率大军进攻锦州、宁远。在明军的激烈抵抗下,皇太极和他的父亲努尔哈赤一样,遭到了迎头痛击,不得不解围撤退。在那之后,明朝任用袁崇焕督师辽东。袁崇焕在崇祯皇帝面前许诺能"五年平辽",并在山海关—宁远—锦州一线建立了坚固的防线,成为皇太极面前的最大障碍。然而此时蒙古喀喇沁部遭到饥荒,向明朝求援遭拒,转而归附了后金。这就给后金绕过袁崇焕镇守的防线提供了机会。

1629年(明崇祯二年,后金天聪三年),皇太极在归附的蒙古人引导下,向西进入蒙古草原,再往南从蓟镇的喜峰口越过长城,兵临北京城下。惊慌失措的明朝廷紧急征调包括袁崇焕的各路援

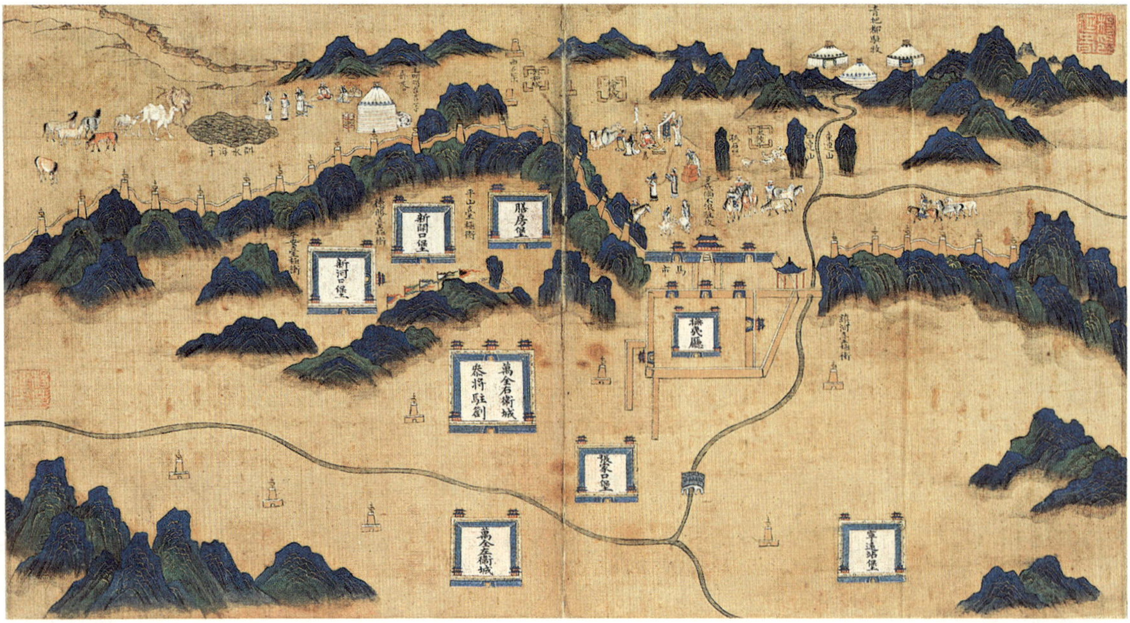

明代《宣大山西三镇图说》中的"宣府分守江北道辖上西路总图"

军赶到北京城下,与后金军对峙。在这个时候,后金军刚好俘获了两个太监,皇太极就派人在他们附近议论,说袁崇焕和后金有密约,让被俘的太监听到后,又故意把他们放跑。这个反间计果然奏效,崇祯皇帝本来就对袁崇焕没能阻止后金入侵感到不满,这下子又起了疑心,就把袁崇焕逮捕下狱,后来更将他冤杀。皇太极在之后的战斗中打败了迎击的明军,大肆掳掠后返回了辽东。通过这一次出征,皇太极已经探知了明朝的虚实,还除掉了袁崇焕,从此明朝再也没有能够抵挡他的统帅了。

皇太极的另一个对手是蒙古察哈尔部。察哈尔部的首领林丹汗是蒙古"黄金家族"(成吉思汗血脉)的后裔,意图通过战争统一漠南蒙古,一些遭到他进攻的蒙古部族纷纷投靠后金。皇太极多次率军出征,林丹汗不敌后金,在逃亡中病死,从元朝传承下来的玉玺也落入皇太极手中。皇太极就此统一了漠南蒙古,被拥戴为"博格达彻辰汗"(皇太极称号"天聪汗"的蒙语翻译),控制了长城以北、从河套直到辽东的广大地区。皇太极在蒙古科尔沁部、喀喇沁部基础上建立了蒙古八旗;对其他归附的蒙古部族,有些直接设置官员治理;有些则划分为盟、旗,设立"札萨克",由世袭的蒙古王公统治。

称帝治国

与努尔哈赤相比,皇太极更多地任用汉人,并在各方面向明朝学习。天聪三年,后金举行科举考试,一些汉人儒生得以摆脱奴仆身份,为后金效力;皇太极还设立"文馆",任用范文程等文人为他出谋划策。之后,还仿照明朝中央官府设立六部(吏、户、礼、兵、刑、工)、都察院(掌管监察);并改文馆为内国史院、内秘书院、内弘文院（合称"内三院"），任命满、蒙、汉大臣担任大学士和学士。内三院、六部、都察院，再加上管理蒙古事务的蒙古衙门（后来改为理藩院，成为处理蒙、藏、回、西南土司、俄罗斯等事务的机构），合称"三院八衙门"，形成了一套完整的政权机构。

清太宗皇太极像

军事上，皇太极在见识到火器的厉害之后，将收降的汉人将士编为汉军旗，专门负责使用火器火炮。在天聪五年（1631）的大凌河之战中，后金就派出汉军，用仿制的红衣大炮攻城。大凌河陷落后，一大批明军将领被俘，皇太极将他们招降并委派官职，加入后金政权中来。数年后,孔有德、耿仲明、尚可喜等明朝叛将又带着水师和擅长制造与使用火器的精锐部队投奔了后金。皇太极十分重视他们,给予高官厚禄,后来相继封王。这些汉人部队再加上皇太极后续招降的明军,被编为汉军八旗,成为一支重要的军事力量。

在取得这些成就之后,皇太极更进一步,把自己治下东北地区的各个部族融合为一个新的民族"满洲"。而他自己也不再满足做后金的"汗",想要成为像明朝君主那样的"皇帝"。于是皇太极在沈阳举行仪式,由他的弟弟多尔衮、蒙古贵族巴达礼、明朝降将孔有德分别代表满洲、蒙古、汉人向他表示拥戴,就此建立了清朝,昭示了他取代明朝成为下一个大一统王朝的雄心。

松锦大战

称帝之后,皇太极数次派遣清军沿着之前的路线绕道侵入关内(长城以内的汉地),对明朝造成严重的破坏。1638年那一次入关,清军转战两千余里,一路上烧杀抢掠,攻下了包括山东济南在内的70多座城池,掳掠人口46万余人,黄金4 000多两,白银97万两,单单济南就有13万人遭到屠杀。

尽管清军多次深入明朝腹地,但只要山海关、宁远、锦州等要塞组成的防线尚在,清军就无法在关内立足,最终还是要退回关外。于是皇太极派清军围困锦州,想要逐步拔掉明朝的防线。此时与皇太极对阵的明军统帅是洪承畴。他原本在陕西对付农民起义军,曾经先后击败"闯王"高迎祥、李自成,后来被调任为蓟辽总督,对抗清朝。洪承畴知道清军不是能够一举战胜的对手,所以他采取了"且战且守""步步为营"的策略,在坚守的同时逐步向锦州推进,想要最终逼退清军。但当时明朝已经陷入严重的财政危机,农民起义四起,难以承受持久作战的粮饷负担,所以从兵部到崇祯皇帝都催促洪承畴速速进兵解锦州之围。无可奈何的洪承畴只得将粮草放在后方,自己亲率13万明军主力赶到锦州附近的松山,发动进攻。皇太极听到这个消息,下令将满洲、蒙古十五岁以上者都征调为兵,赶赴前线包围了洪承畴,并派兵夺取了明军在后方的粮草。陷入困境的洪承畴原本想要与清军决一死战,结果他手下的部队纷纷逃跑,被清军伏兵消灭。清军继续围困了半年才攻下松山,俘获了洪承畴。锦州的明军也被迫投降。

这场大战之后,明朝已经没有力量再与清朝对抗。在皇太极眼里,入主北京只是时间问题。但才过了一年多,他就猝然病死。围绕由谁继承皇帝之位,清朝的诸王展开了激烈的斗争。最终,皇太极年仅五岁的幼子福临继位,年号顺治,实权落入了皇太极的弟弟、摄政王多尔衮手里。此时在农民起义军的打击下,明朝已经是摇摇欲坠。清朝跨过山海关,问鼎中原的时机已经到来。

托马斯·霍奇森·利德尔《帝国丽影》中描绘的山海关街道

入 关

1644年，李自成率领大顺军进入北京，崇祯皇帝自杀，明朝覆亡。清朝的摄政王多尔衮意识到，夺取中原的机会来了。他下令国内十岁到七十岁的男丁悉数从军，倾全国之兵向山海关进军。正好明朝的山海关守将吴三桂决心与大顺军对抗，遣使向多尔衮请援。两者就此联合起来，与李自成在山海关决战。

一开始，清军按兵不动，由吴三桂的兵马与大顺军激战。李自成率军发起了猛攻，吴三桂逐渐抵挡不住，只好亲自到清军的营地，以剃发、归降为条件向多尔衮求助。于是多尔衮命清军入关，冲向精疲力尽的大顺军。在清军的进攻下，大顺军溃败，李自成撤回北京，之后又退往西安。清军和吴三桂在后穷追不舍，只用了十天时间就进入了北京城。

起义军覆灭

清朝占领北京之后，打出为崇祯皇帝发丧的旗号，积极拉拢、沿用原本明朝的官员，还取消了"三饷"等沉重的苛捐杂税，同时严禁贿赂，以这些举措笼络人心。河北、山东、山西等地的不少州县都纷纷归降。几个月后，清朝正式迁都北京，在那里举行了顺治皇帝的登基大典,于南郊祭告天地,宣布君临天下。在当时,李自成退回了陕西,并在山西、河南布防抵抗;而明朝在江淮以南仍然存在,历史上称其为南明;在四川地区,还有张献忠率领农民军建立的大西政权。

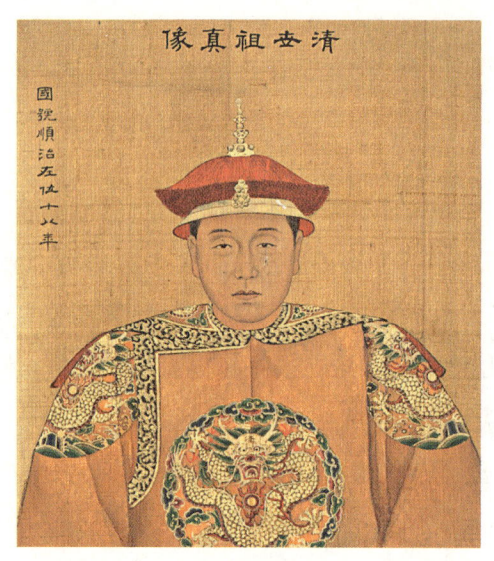

清世祖顺治像

多尔衮以李自成的大顺政权为主要对手,派自己的弟弟阿济格、多铎分别率领两路清军前往进攻,吴三桂等降将则跟随出征。清军很快就攻入陕西,李自成被迫转战河南、湖北,从南明夺取了武昌。但清军追兵接踵而至,多次击败大顺军。李自成想要顺长江而下,又被清军打败,最终只剩下余部28人,在湖北的九宫山遭到当地山民武装的袭击,就此覆灭。此时距离山海关之战,只过去了一年的时间。之后,张献忠率领的大西起义军也在四川被清军打败,张献忠战死,余部转战云南、贵州。

南国政权

击败大顺军之后,清朝把矛头对准了南明。定都南京的南明控制着经济较为发达、尚未遭到多少战争破坏的南方地区,还拥有着几十万军队;而且作为"两京"之一,南京保留了一套完整的中央官府机构,可以立即开始运转。但南明政权存在着严重的内斗。大顺军攻下北京时,崇祯皇帝身死,他的三个皇子下落不明,南明朝廷围绕着由谁来继承皇位,发生了争执。最终,阉党马士英依靠武将们的支持,成功拥立福王朱由崧为帝,年号弘光。马士英、阮大铖等阉党把持了朝政,大肆打击异己,迫害和他们有旧仇的东林、复社人士。原来的首席大学士、东林士人的学生史可法被排挤出朝廷,只得前往扬州督师。而拥立弘光帝的四名武将都被封侯,带着十几万军队驻扎在江北的"四镇",成为朝廷难以控制的军阀。

一开始,南明还把清朝当成朋友,派遣使者去北京,希望能够与之议和,借助其力量剿灭李自成。但清廷却命令南明削去帝号,俯首称臣,并派多铎率领清军挥师进攻江南。而在这时,湖北的南明将领打着"清君侧"、诛杀马士英的旗号攻向南京,南明陷入内讧。清军乘机南下,在1645年4月包围了史可法坚守的扬州。清军遭到了激烈的抵抗,最后用红衣大炮才攻破了城池。史可法被俘之后宁死不屈,最终殉国。多铎为了报复在扬州遭到的重大伤亡,下令屠城。清军在扬州进行了整整五天的屠杀和洗劫,情形犹如人间地狱,有幸存者把这场浩劫记录在了一本叫《扬州十日记》的书里,因而后世称之为"扬州十日"。扬州陷落后,其他南明军队或败或降,弘光皇帝慌忙弃城而逃,不久后就被俘虏。留在南京的南明大臣们决定投降。清军不战而克南京,进而占领了整个江南。

弘光朝廷覆灭之后,南明分裂成了数个小朝廷。在浙江,张煌言等人拥立鲁王朱以海为监国,依钱塘江与清军对峙。而在福建,唐王朱聿键在郑芝龙(海盗出身,后来归顺明朝,在东南沿海有强大的海上势力,拥兵20多万)的支持下称帝,年号隆武。但这两个政权相互之间不和,清军进攻鲁王时,隆武朝廷袖手旁观。第二年(1646),清军继续南下浙江,鲁王逃往浙东沿海;而郑芝龙为了保

史可法像

存自己的地盘,暗地里向清朝投降,撤去了浙闽之间的守备,让清军得以长驱直入福建,隆武皇帝被清军俘虏之后杀死。之后,瞿式耜等大臣拥立桂王朱由榔在广东肇庆监国,而隆武皇帝的弟弟朱聿𨮁则抢先在广州称帝,年号绍武。绍武政权的建立十分仓促,连登基时的龙袍与官服都是向戏班子买的。才过了十来天,桂王也在肇庆称帝,年号永历。绍武和永历两个政权为了争夺权力,不顾

大敌当前,自己先打了起来。结果清军很快就攻陷广州,绍武皇帝被俘后自缢身亡。永历皇帝这一支继续抵抗。

剃发易服

随着清军南下,以征服者自居的清朝开始推行一些压迫性的政策。最有名的就是"剃发易服"。汉人男子的传统发式是蓄长发,成年后束发为髻;服饰则以交领、宽袍、大袖为主。满人则在脑后留巴掌大小的头发,编为长辫,其他地方的头发尽皆剃去;服装则是窄袖长衫、马褂等样式。早在入关之前,清朝就让辽东的汉人采用满人的发式和服装,表示归顺。清军入关占领北京之后,下令汉人都剃发易服,结果遭到激烈的抵抗。为了稳定人心,清朝暂时停止了剃发令的执行,一些投靠清朝的汉族官员也都依然保留着原本的发式和衣冠。但在平定江南、攻灭弘光政权之后,清廷认为大局已定,就重新下令各地,在接到布告的十日内尽皆剃发,违者杀无赦。在儒家文化中,衣冠服制具有重要的文化意义,"身体发肤,受之父母,不敢毁伤"的观念根深蒂固。因此剃发令在江南激起了强烈的反抗,一些原本已经降服的州县都纷纷起兵抗清。像江阴县,收到"留发不留头,留头不留发"的命令后,愤怒的民众高呼"头可断,发决不可剃也",杀死了知县,拒城而守,誓死不从。清军围攻了八十一天,调来了二十万兵马,出动大炮才攻下江阴。破城之后"满城杀尽,然后封刀"。嘉定的民众也起兵反清,先后三次驱逐了清军,被镇压后又惨遭屠杀,史称"嘉定三屠"。剃发令严重激化了满汉之间的矛盾,但清朝统治者一意孤行地推行这一政策,残酷地镇压了反抗活动。直到清朝彻底统一全国之后,广大民众才在屠刀下被迫接受了"五天一打辫,十天一剃头"的日子,直到清末。

清初的另一大"弊政"是圈地、投充和逃人法。为了安置入关的大量八旗军民，清廷下令将河北、山东、山西等一些地方的无主土地分配给八旗的诸王、勋贵、兵丁。虽然名义上圈占的是无主土地，但实际上大量汉人的土地、房屋都被肆意侵占，甚至有"跑马圈地"之说。除了圈地，还有大量贫民百姓以"投充"（投靠）的名义成为满人的奴仆，很多汉人地主为了获得庇护，也带着土地"投充"满人。在北京附近的地区，有八成原属于汉人百姓的土地经由圈地、投充转入满人手中。同时，有很多不堪奴役的汉人选择逃亡，于是清廷颁布了"逃人法"，除了惩罚逃跑者之外，还严惩窝藏隐匿"逃人"者，甚至株连四邻，导致人心惶惶，动荡不安。连清朝的靖南王耿仲明也因为窝藏了"逃人"而被迫自杀。直到康熙时，才下令停止圈地，逃人法所造成的恶劣影响也逐渐减轻。

统一全国

从 1644 年入关到 1646 年末攻下广州，清朝只用了一年半的时间就席卷中原汉地的大部分地区。正是明朝末年内部矛盾激烈，导致党争不断、民变四起，文臣武将纷纷投敌，才酿成了这种恶果。但面对清朝残暴的杀戮和压迫政策，南明同大顺、大西农民军余部联合起来，在接下来的十几年里进行了不屈不挠的抵抗。1651 年（清顺治八年，南明永历五年），孔有

绍武君臣冢，绍武是南明政权之一

德率领清军攻入广西,桂林陷落,瞿式耜被俘后宁死不屈,遭到杀害。永历朝廷逃往贵州,与大西军余部孙可望、李定国联合。第二年,李定国率军反攻广西,取得大捷,清朝定南王孔有德自焚而死,之后又于湖南大败清军,在战场上斩杀了清朝敬谨亲王尼堪,"两蹶名王,天下震动",一时间南明声势大振。但永历朝廷随即发生了内讧,野心勃勃的孙可望想要控制永历朝廷,又嫉妒李定国的兵权和战功,于是反过来进攻李定国,让抗清的大好形势毁于一旦。孙可望手下的将领不齿这种同室操戈的行为,纷纷投向李定国。孙可望失败之后,竟然投降清朝,向清廷献上了进攻云贵的地图。清军乘机大举攻入西南,李定国带着永历朝廷流亡缅甸。

永历朝廷被清军打败后,抗清的希望转向了东南沿海。虽然郑芝龙降清,但他的儿子郑成功以福建沿海为基地,坚持抗清;张煌言也率鲁王政权的余部在江浙沿海活动。1659年(清顺治十六年,南明永历十三年)夏,郑成功、张煌言的水师大举攻入长江,兵临南京城下。但郑成功由于轻敌,没有一鼓作气攻城,结果败于清军的反击,南明最后的大规模反攻也功亏一篑。两年后,吴三桂率领清军攻入缅甸,俘虏了永历皇帝,不久将其绞死。到康熙元年(1662),由南明和大顺军残部组成的"夔东十三家"被清军攻破,除台湾之外,清朝最终确立了对全国的统治。

明末清初三先生

从明到清的时代剧变,给当时的儒家士大夫以极大的震撼。先是被视为"流贼"的底层农民大起义推翻了明王朝的统治,代表最高秩序和权威的崇祯皇帝自杀身死;其后是被视为"夷狄"的清朝入主中原,摧毁了各路抵抗势力,最终统治了"华夏"大地,并且强迫汉人遵从满人的习俗。这在伦理、政治、文明等层面都带来了空前的思想冲击,很多儒家士大夫痛心疾首地反思这一切,其中最为著名的,就是黄宗羲(世称南雷先生或梨洲先生)、顾炎武(世称亭林先生)、王夫之(世称船山先生)三位思想家。

黄宗羲

其中,黄宗羲、顾炎武都来自江南,黄宗羲的父亲是被阉党迫害致死的东林"后七君子"之一。崇祯即位后审判阉党,黄宗羲当庭锥刺有杀父之仇的阉党爪牙,连皇帝也称其为"忠臣孤子"。后来他回到江南,加入复社等文人结社,还曾参与声讨躲在南京的阉党余党阮大铖。此时,出身当地望族、书香门第的顾炎武年轻时也加入了复社,他以个性耿直、不苟合世俗而闻名。黄宗羲、顾炎武两人的科举之路并不顺利,多次参加乡试都没有考中。顾炎武索性不再参加科举,转而立志要写出记录天下各州县地理人文、利弊得失的著作。而来自湖南的王夫之在科举上则要顺利得多,他年轻时在长沙岳麓书院求学,后来考中了举人。但就在他想要再接再厉参加会试时,李自成、张献忠的农民起义军席卷各地,他只得逃到衡山躲藏了起来。

奋起抗争

当1644年的剧变来临时,士大夫们都有什么反应呢?有些人选择投降,像在南明弘光朝廷中执掌大权的阉党余党阮大铖,不仅投降清朝,还追随清军南下;有的人选择死节,像另一个在弘光朝廷掌权的阉党余党马士英,被俘后拒不降清而死;还有的人处于矛盾之中,像东林文人领袖钱谦益,因投降清朝而遭人唾骂,后来他离开清廷,成为江南反清运动的地下联络人,以求赎罪;更多的人无奈地剃发易服,接受了清朝的统治。和这些人相比,时年34岁的黄宗羲、31岁的顾炎武、25岁的王夫之,都还只是尚未踏上仕途的一介书生而已。但他们凭着一腔热血,选择了奋起抗争。

三人中最年长的黄宗羲在南京陷落之后,就前往浙江,组织义军加入鲁王政权麾下。随着鲁王政权被清军打败,黄宗羲也跟着流亡浙江沿海,一度只能栖身在船上。他还曾两次渡海前往日本请求援军,都没有成

黄宗羲像

功。从日本返回之后,黄宗羲隐居在家,暗中参与反清活动。直到南明的反攻最终失败,他才埋头学术终老。与黄宗羲的经历相似,顾炎武先是在家乡参与抗清守城,失败后为隆武政权效命。当时他经常手执白羽扇,奔走江南各地联络抗清义军。后来顾炎武屡遭仇家迫害,一度被清廷逮捕,出狱后只得变卖家产,北上游历山东、山西、河南、河北、陕西等地,一边探访反清人士,一边走访各地进行考察、研究,直到去世。而王夫之也曾试图举兵抗清,失败后逃往广西,加入永历朝廷。但永历朝廷内部派系斗争激烈,王夫之还差点被杀。后来清军攻下桂林,王夫之才回到衡阳。在那之后的几十年里,他为了逃避追捕而流亡、隐居,冒着生命危险拒不剃发,最后病死于家乡的湘西草堂。

顾炎武像

黄宗羲、顾炎武、王夫之三人既是时代洪流中最执拗的反抗者,也是最终不得不目睹清朝一统天下的"失败者"。在他们眼里,这不仅是传统意义上的改朝换代,更是"亡天下",是文明陷入了黑暗时刻。所以他们从思考这场"天崩地解"的原因和教训入手,对传统文明的阴暗面做出了激烈的批判。

批判君主专制

首当其冲的就是君主专制。明代的皇权达到了前所未有的高峰,同时极力宣扬"忠君"。朱元璋甚至将《孟子》中"民贵君轻""君之视臣如土芥,则臣视君如寇仇"等带有民本思想的内容尽皆删去,以维护君主专制。但在二百多年里,掌握了生杀予夺之权的明朝皇帝诛杀忠臣良将,纵容宦官和奸臣专权,放任官僚、贵族对百姓敲骨吸髓,可以说专制君主制度才是导致民变四起、外敌入侵的罪魁祸首。所以黄宗羲、顾炎武、王夫之对君权进行了激烈的批判,黄宗羲在《明夷待访录》中大声疾呼:"为天下之大害者,君而已矣""天下之治乱,不在一姓之兴亡,而在万民之忧乐",所以作为臣子,当以"天下为主,君为客",并非要效忠世袭君主,而是为天下万民负责。黄宗羲进而说"天子之所是未必是,天子之所非未必非",否定君主的至尊地位,认为天下的事务应当交由士大夫组成的学校来公议。这些"惊世骇俗"的学说撼动了以"忠"为代表的传统帝制思想,开近代民主主义的先声。

反思士大夫

他们反思的另一个方面,是士大夫自身的学术与思想。晚明的士大夫往往学问空疏,热衷于高谈阔论,对于解决内忧外患却无能为力。像黄宗羲的老师刘宗周,是一代大儒,听到清军南下浙江的消息后决定绝食殉国,门生劝他:"死而有益于天下,死之可也;死而无益于天下,奈何以有用之身轻弃之?"但他依然一心求死。当时有不少士大夫都选择了这种无济于事的死节行为,被讥为"平日袖手谈心性,临危一死报君王"。所以顾炎武特别强调"君子为学,以明道也,以救世也",学问应当"经世致用",有助于解决社会现实问题,以"拯斯人于涂炭,为万世开太平"。顾炎武身体力行,以实践、考证的严谨精神进行学术研究,留下了《日知录》《天下郡国利病书》等著作,涉及政治、经济、军事、教育、历史、法律乃至地理、科技、语言文字等多个领域。

王夫之则从哲学角度入手,否定了朱熹的理学和王阳明的心学(他认为是这两种思想导致了明末士人误入歧途);他认为世界的本质不是"理""心",而是物质性的"气"。人的欲望和儒家的伦理道德是一致的,"人欲之大公,即天理之至正"。在他眼里,事物不断变化、发展,又相互联系,因而历史也是发展、变化的,"今日无他年之道"。王夫之的思想,带有科学实证、实事求是的唯物主义色彩,他由此提出了很多带有革新色彩的学说。

《船山遗书》中的王夫之像

进步主张

除此之外,这三位思想家还针对当时社会发展的状况,提出过不少反传统、具有进步意义的看法。例如对于工商业,黄宗羲主张"工商皆本",反对传统儒家"重农抑商"的做法。顾炎武主张减少官府对市场的干预和横征暴敛,以货币、法律等手段保障商业的发展。王夫之也说"大贾富民者,国之司命也"。他们都在明朝中后

明末清初三先生

期工商业的蓬勃发展中,看到了社会发展的新方向。

到了康熙年间,社会经济得到恢复,人们逐渐接受了清朝的统治。但三位先生始终抱持不妥协的态度。清朝多次想要征召黄宗羲和顾炎武进京任职,都被拒绝。顾炎武说"七十老翁何所求?正欠一死!若必相逼,则以身殉之矣",以死相拒。王夫之在病中坚决拒绝清朝官员的探视,写下"清风有意难留我,明月无心自照人",表明心迹。黄宗羲死后也不用棺木下葬,只在身下垫了块石板,以求"速朽"。但他们的著作都得以流传后世,到了清末,被反清的革命志士们广为传播,成了推翻清朝帝制、建立民主共和的启蒙之声。

明代嵌宝金托玉爵　现藏于定陵博物馆

"国姓爷"的战斗

1715年,在日本大阪上演了一出关于中国的戏剧《国姓爷合战》,以"国姓爷"郑成功为主角,讲述了他抗清复明的故事。这部戏剧还陆续在京都、江户(今日本东京)等地上演,大受欢迎。郑成功作为一个中国人,为什么会被日本人当成英雄传颂呢?

郑成功的故事,要从他父亲郑芝龙说起。郑芝龙是福建南安人,小名一官,年轻时到澳门从事海上贸易的生意。为了取得欧洲人的信任,他还一度接受了天主教洗礼,以"尼古拉斯·一官"的名字被记录了下来。当时的海上贸易既有丰厚的利润,又充满冒险和冲突,在东亚海域就形成了好几个半海盗半海商的海上势力。郑芝龙19岁时,加入了其中一个势力首领李旦麾下,往来于东南沿海、澳门、日本等地。他一度于日本长崎定居,还娶了一个日本妻子,生下一个儿子,就是郑成功。李旦去世后,郑芝龙开始自立门户,从事走私、海盗等行为,成为纵横福建、台湾、广东沿海的海上势力。在24岁时,郑芝龙接受了明朝招安,取得了福建海防军官的合法身份。

"国姓爷"的战斗

从军抗清

在这个时候,一股新势力蠢蠢欲动,那便是来自西欧的荷兰人。17世纪初,荷兰人建立了荷兰东印度公司,沿着新航路向东方扩张。他们在东南亚侵占土地进行殖民,还图谋在中国沿海得到贸易据点。最初,荷兰人想要夺取澳门未果,又盘踞澎湖列岛,遭到明朝驱逐,转而前往台湾。荷兰人为了获得东南沿海的贸易

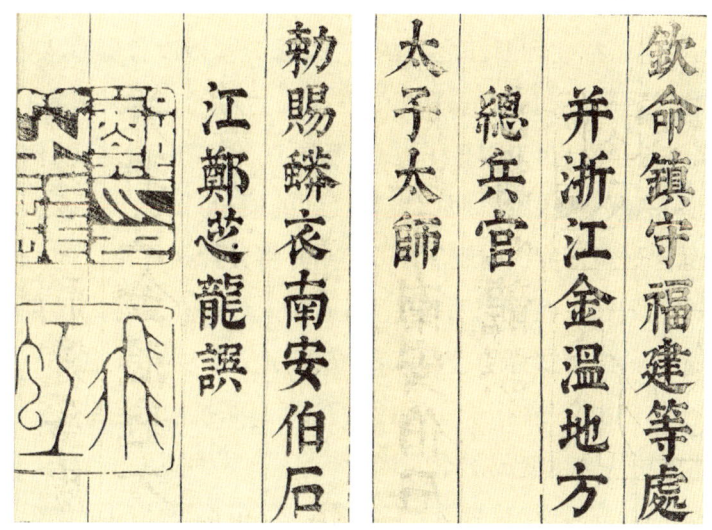

郑芝龙为明代郑大郁编订的《经国雄略》作序

控制权,不断伙同海盗发动袭击,他们扣押商船,登陆劫掠,甚至攻击明军,想要以此逼迫明朝屈服。1633年,29岁的郑芝龙率领船队和明军水师一起,在金门附近的料罗湾大败荷兰人。从此之后,郑芝龙掌握了从南海到日本的海上霸权,往来于此的商船都必须获得郑氏的令旗,才能自由航行。郑芝龙的海上势力也保障了东南沿海的和平,有"八闽(福建)以郑氏为长城"之说。明清易代时,

福建的南明隆武朝廷，更是倚赖郑氏的军力才得以建立。

此时，郑芝龙的儿子郑成功已经成年。郑成功7岁时从日本回到家乡福建，当时他的名字还叫郑森。少年时的郑森接受的是传统儒家教育，15岁考上秀才，后来还到南京国子监求学，师从于大儒钱谦益。隆武皇帝也很器重郑森，赐他明朝皇室的国姓"朱"，并赐名"成功"，因此人们尊他为"国姓爷"，后世史书上则称他为郑成功。1646年，南下的清军以高官厚禄招降郑芝龙。郑芝龙决意降清，撤走了福建和浙江之间的守军，让清军得以长驱直入，隆武政权覆灭。时年23岁的郑成功再三苦劝郑芝龙未果，最后留下"从来父教子以忠，未闻教子以贰（叛国）；今父不听儿言，后倘有不测，儿只有缟素（穿戴孝服服丧）而已"的信，与父亲分道扬镳。结果清廷果然背信弃义，挟持了郑芝龙并将其押送北京。同时清军攻入郑氏的家乡南安烧杀抢掠，郑成功的母亲在受辱之后自杀身亡。悲痛欲绝的郑成功赶回家乡，安葬了母亲，之后前往孔庙焚烧了自己的儒服，对着孔子像痛哭发誓，踏上了抗清的道路。自此以后，郑成功从儒生变成了军人。

郑成功起兵时，只带着18名追随者，很快就得到了数千人的加入，在东南沿海各地辗转作战。四年后，他终于夺取厦门、金门作为根据地，拥有部队数万，战舰数百艘，控制了东南地区的制海权。郑成功治军赏罚严明，对于怯战、战败、贪污、反叛者毫不留情地加以诛杀，而对于立下战功者经常予以赏赐，常有人一个月内就多次被提拔。郑成功舰队的主力是称作"福船"的大型战舰，船体高大，外壳坚若铁石，能防火烧。在海上，郑成功对清军有着压倒性的优势。他在厦门、金门期间41次进攻清军，获胜34次，其中

"国姓爷"的战斗

水战全都获胜,但在陆上却难以击败清军。从1657年(清顺治十四年、南明永历十一年)到1659年,郑成功三次率军北伐。第三次北伐时,郑成功在江南抗清志士的协助下,率十几万大军从长江口进围南京,但最后败于清军的反攻,只得退回福建。

郑成功的北伐虽然失败,但依然掌握着海上优势。此后清军又大举进攻厦门,遭到挫败,于是想出了几条毒计来对付郑成功。清廷颁布了"迁界令",下令从山东到广东的沿海居民内迁三十里,将百姓的房屋都予以烧毁,制造了一片无人区;并且厉行海禁,"片板不许下海",禁止居民出海谋生。清廷以此切断郑成功与沿海人民的联系,阻止其获得物资和情报。这些禁令使得沿海百姓流离

郑成功曾战败的南京神策门,1650年,郑成功北上抗清,在此铩羽

失所、家园荒芜，失去生计。在同一年，清廷还将郑成功的父亲郑芝龙等 11 名家人处斩，并派人挖掘郑成功的祖坟，侮辱郑氏先人的尸骨。但这都动摇不了郑成功战斗到底的决心。

此时的郑成功被一个问题困扰：厦门、金门地方狭小，难以容纳十几万人马，粮食和物资也捉襟见肘。这如何能长期支撑抗清作战？

收复台湾

他把目光投向了当时被荷兰人占据的台湾。在荷兰人之前，汉人就已经来到台湾居住。17 世纪初，有一些海上势力以台湾西南沿海的魍港（在今台湾嘉义）作为据点，吸引了不少汉人前来。郑芝龙在归顺明朝之前，就在此居住过，并向当地的汉人征收租税。郑芝龙离开后，荷兰人接踵而至，在台南建立了热兰遮城，作为其统治台湾的中心，后来又在附近的赤崁建立了普罗民遮城。与此同时，西班牙人也占据了台湾北部的基隆和淡水（后被荷兰人驱逐）。荷兰人统治台湾时，招募了不少汉人前来垦殖，也有不少汉人为了躲避战乱而渡海前往台湾，于是形成了有数万人规模的汉人居住区。荷兰殖民者剥削汉人，经常以人头税为名敲诈勒索。后来由于郑成功和清军交战，导致东南沿海的贸易被封锁，台湾砂糖的出口减少，很多以种植甘蔗（生产砂糖的原料）为生的汉人陷入贫困。在这种情况下，不堪压迫的台湾汉人爆发了起义，结果遭到荷兰殖民者的镇压。

郑成功也与荷兰人有过节。原来虽然当年郑芝龙离开了魍港，但依然向当地的汉人收取租税。荷兰人禁止郑成功派人继续前来收税，于是双发发生了冲突。荷兰人还怀疑郑成功在背后指使台湾汉人发动起义,于是扣押、掠夺郑氏的商船,郑成功则以贸易封锁作为报复。后来,一名台湾汉人前来投奔郑成功,告诉他台湾"田园万顷,沃野千里,饷税数十万",劝郑成功夺取台湾,还献上了台湾的地理、水文、军事等情报。于是郑成功决定收复台湾,作为新的根据地。对他而言,这也是从荷兰人手里收回父亲旧领地的战争。

1661年初,郑成功集结了25 000人的部队,战船400余艘,渡海收复台湾。当时有两条路线可以在台南登陆,一条是经过热兰遮城的航道,这是船只进出的主要通道,但荷兰人凭借堡垒布置了重兵守卫。另一条是经过鹿耳门的航道,但这里都是沙洲浅滩,船只很容易搁浅,所以荷兰人并没有在此把守。但此时正好遇上大雾和涨潮,水位上升,于是郑成功的战船在大雾掩护下通过这里,成功登陆。郑成功的部队包括弓兵、重甲步兵、火枪和重炮,作战勇猛,在陆地和海上都击败了荷兰人,包围了普罗民遮城。只过了十几天,普罗民遮城就投降了,荷兰人只得龟缩在热兰遮城。

热兰遮城的荷兰人负隅顽抗,一时间强攻不下。于是郑成功将部队分派到各地进行屯田,以供给军需,进行长期围困。七、八月时,荷兰人从巴达维亚殖民地(在今印度尼西亚的爪哇岛)派遣的援军到达台湾,双方爆发海战,郑成功大获全胜。到了第二年年初,在荷兰叛逃军官的指引下,郑成功用重炮攻下了热兰遮城附近的制高点——乌得勒支碉堡,荷兰殖民者的总督揆一(Frederick Coyett)被迫投降,交出了热兰遮城的钥匙,离开了台湾。

开台圣王

郑成功收复台湾后,将普罗民遮城所在的赤崁定为"东都明京",开始直接在台湾设立官府机构加以治理。不久,郑成功得知西班牙殖民者在吕宋（菲律宾）掠夺和屠杀华侨，十分愤怒，决定发兵远征。但尚未出兵，他就因病在台湾去世，年仅 38 岁。此时距荷兰人投降才几个月。

郑成功从外国殖民者手中收复了台湾，是中华民族的英雄。台湾民众一直尊奉他为"开台圣王"。他为了国仇家恨而与清朝不屈不挠地战斗了十六年，即便是身为敌人的清朝康熙皇帝，也写下了"四镇多异心，两岛屯师，敢向东南争半壁；诸王无寸土，一隅抗志，方知海外有孤忠"的对联，表达钦佩。而且日本人也十分崇敬他，才有了以其事迹改编而成的戏剧《国姓爷合战》。即便是甲午战争后，台湾被日本占领，也依然祭祀着郑成功。时至今日，他已经成为标志着台湾地区和祖国不可分割的英雄人物。

郑成功纪念馆前的郑成功像

从少年天子到圣祖皇帝

在康熙八年（1669），如果问谁是清廷实际上最有权势的人，那毫无疑问是辅政大臣鳌拜。鳌拜是三朝老臣，因为战功获得过"巴图鲁"（蒙古语"英雄"）的称号。顺治帝临终时，鳌拜被任命为四名辅政大臣之一，辅佐年幼的康熙。后来，鳌拜逐渐盖过其他几位辅政大臣，扶植自己的党羽，形成了专权之势。如果有谁和他意见不和，往往惨遭屠戮，连另一位辅政大臣苏克萨哈也因得罪了他而被杀。

那此时作为皇帝的康熙呢？他是顺治皇帝的第三子，小时候曾经得过天花，但是幸存了下来，获得了终身的免疫力，因此被选为皇太子（天花在当时是一种致命的传染病，在满人贵族中数次流行，有不少皇族成员就死于天花）。他即位时年仅七岁，现在已经成长为一个十五岁的少年。面对专横跋扈的鳌拜，康熙采取了隐忍的策略。表面上，他沉迷于玩"布库"（摔跤）游戏，连鳌拜前来觐见时也照玩不误。但鳌拜没想到，康熙的"布库"是专门为他准备的。一天，康熙趁鳌拜入宫时突然发难，指挥那些平日里玩"布库"的太监们擒住了鳌拜。之后康熙宣布鳌拜的罪状，将其拘禁，从此得以正式亲政。

但等待这位少年天子的并非坦途。清军入关以来,虽然打下了大片疆土,南明的反抗也逐渐平息,但"打天下"不等于"治理天下",清王朝依然面临着来自内外的重重难题。

裁撤三藩

第一道难题,是蠢蠢欲动的"三藩"势力。

清代康熙帝便装写字像

所谓三藩,即镇守云南的平西王吴三桂、广东的平南王尚可喜和福建的靖南王耿精忠。他们原来都是明朝降将,投靠清朝后为其平定中原立下了汗马功劳,因此得以裂土封王。这三个大军阀在各自的领地内拥兵自重,骄横不法,俨然是独立王国。三藩"尾大不掉",成为朝廷的心腹大患。

康熙十二年(1673),平南王尚可喜请求告老还乡,康熙趁机决定裁撤三藩。有不少大臣认为这么做操之过急,但年轻气盛的康熙认为,吴三桂早就蓄谋造反,"撤亦反,不撤亦反",不如先发制人。结果撤藩的命令发布后不久,吴三桂就起兵叛乱。当时距离清军入关过去了二十年,很多八旗部队的战斗力已经大打折扣,而且不适应南方的环境,因此连连战败。吴三桂席卷了云南、贵州、四川、湖南、湖北,兵临长江南岸。福建的耿精忠、广东的尚之信(尚可喜之子),以及广西、西北等地纷纷举兵响应,叛军三年间就占据了半壁江山。吴三桂以此向康熙提出了划江而治、平分天下的要求。

面对这场声势浩大的叛乱,康熙沉着冷静地做出了应对。他几乎每天都要处理上百份来自前线的报告,凌晨天不亮就前往听政,与大臣商议形势、战略,做出军事部署。康熙以40多万绿营兵(清朝入关之后收编、招募的汉人部队,以绿旗为标志,在数量上远多于八旗部队)作为平叛主力,并在军事打击的同时进行招降。叛军逐渐失去了战略优势,陷入困境,西北、福建和广东都相继重新归顺朝廷。吴三桂为了维系军心士气,仓促称帝,结果不到半年就暴病而亡。康熙二十年(1681),清军攻下昆明,三藩之乱彻底平定。

三藩之乱历时八年,让正值青年时期的康熙得到了极大的成长。康熙自己曾说,之前觉得很多事情都容易做,三藩叛乱后,才发觉事情多难处,从此以后遇事就会慎重筹划,详细商榷再做决定。在取得胜利之后,太后和大臣们都建议康熙上尊号,但康熙说

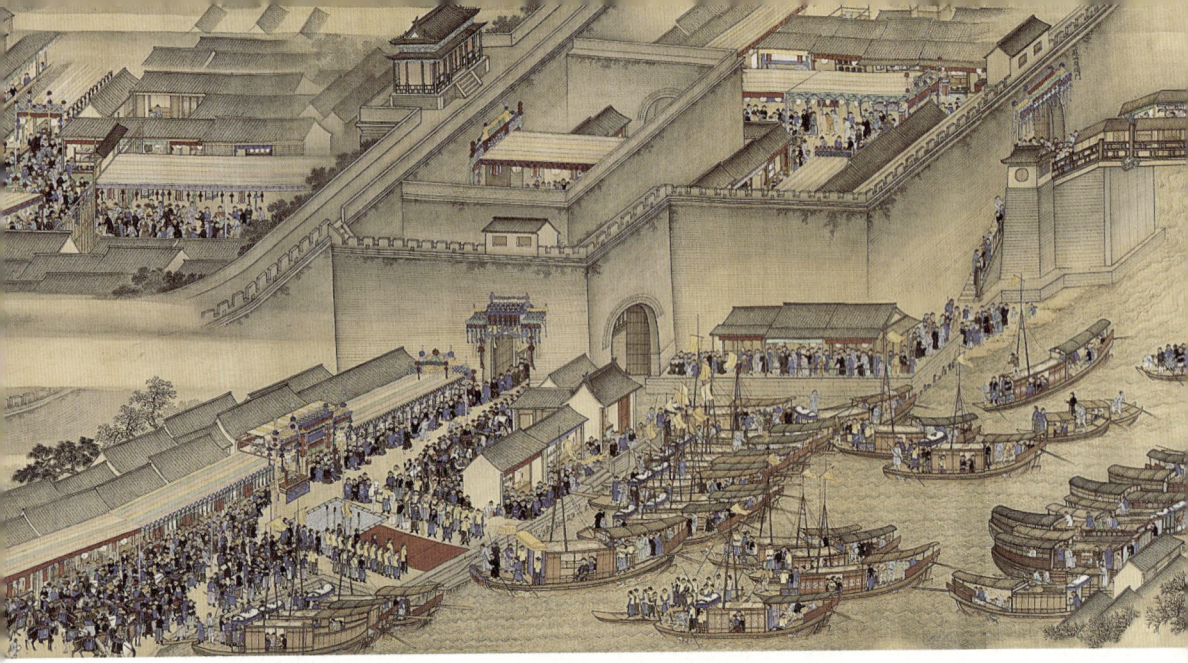

清代《康熙南巡图》卷（局部）

国家纲纪还需要整顿，百姓还需要休养生息，远远称不上太平，因此拒绝了。直到晚年，康熙也一直保持了这种谦虚谨慎、深思熟虑的作风。

第二道难题，是如何恢复历经几十年战乱摧残的社会经济，如何处理满汉之间的隔阂与矛盾。

稳定社会

从明末清初到三藩之乱，连年的战祸使得人口剧减，土地荒芜。于是康熙施行各种政策鼓励百姓开荒，恢复生产。他宣布免除新开垦土地数年的赋税；对于无力垦荒的流民，还由国家借给耕牛和农具。明代不少藩王的土地，在战乱后成为无主之地，康熙把这些土地无偿给予百姓耕种。康熙还时不时减免各地的赋税，到后期施行"盛世滋丁，永不加赋"的政策，免去新增人口的人头税。康熙还派大臣治理黄河水患，兴修水利，使一度泛滥成灾的黄河形成了四十多年的安定局面。到了康熙六十一年（1722），全国的登记耕地面积达到851万顷,超过了晚明盛期的水平,社会经济恢复了元气。

比经济更难恢复的是人心。清军入关所带来的杀戮和弊政,对汉人造成了极大的伤害;而即便在统治阶级内部,满汉官员间也不平等。康熙刚亲政时,就下令停止令汉人百姓怨声载道的"圈地"政策,严禁买卖良民为奴。他还恢复被四辅政大臣取消的内阁和翰林院,提拔汉人大臣。在平定三藩之乱的过程中,不少汉人官吏和将领也都得到任用。这些举措大大缓和了满汉矛盾。

康熙自身对汉文化也有浓厚的兴趣。即便在三藩之乱时,军务繁忙,他还是坚持让翰林院的学士每天给他讲课。后来康熙开"明史馆",征集知名的文人学士编修明史;并设"博学鸿词科"考试,以礼贤下士的态度招徕那些"不合作"的明朝遗民们。这些举措软化了满汉之间尖锐的对立情绪,像黄宗羲面对修纂明史的征召,虽然本人予以拒绝,但还是派自己的儿子和学生前往协助。从此以后,很多汉族读书人转而开始认同清朝。

平定边疆

第三道难题来自边疆。平定三藩之乱后不久,康熙就派兵收复了台湾。但比起明朝,清朝还与东北、蒙古、西藏、西北等边疆各族有更紧密、直接的联系,也面临着更棘手的问题。

清军入关后,东北地区空虚,作为清朝"龙兴之地"的后院——东北遭到了外敌的觊觎。自十六世纪晚期开始,沙皇俄国在东欧崛起,越过欧亚分界线乌拉尔山,开始向西伯利亚扩张。他们侵入黑龙江流域,在雅克萨(在今俄罗斯阿尔巴津诺)和尼布楚(在今俄罗斯涅尔琴斯克)建立殖民据点,袭扰、残杀当地各族居民。三藩之乱平定后,康熙决定以武力驱逐入侵者。康熙二十四到二十五年(1685—1686),清军两次围攻雅克萨城,迫使沙俄同意进行谈判。最终双方达成协议,签订了《尼布楚条约》,沙俄承认中国在黑龙江流域的主权,以国际条约的形式确定了中俄东段边界。

哥萨克骑兵

边疆面临的另一个挑战来自蒙古。当时蒙古分为漠南、漠北、漠西三大部分。漠南蒙古在入关前就已归入清朝治下,在清朝崛起的过程中扮演着左臂右膀的角色。蒙古与满洲习俗、文化相近,满蒙王公贵族之间的联姻也是清朝的国策。漠北(主要在今蒙古国)的喀尔喀蒙古则从皇太极时开始,就定期向清朝进献"九白之贡"(白驼一只、白马八匹),表示友好。漠西的卫拉特蒙古即明代的瓦剌,当时卫拉特蒙古的和硕特部控制了青海、西藏,准噶尔部则控制了北疆。准噶尔部在噶尔丹统治下强大起来,击溃了漠北的喀尔喀蒙古。喀尔喀蒙古南下归附清朝,但噶尔丹穷追不舍,一路打到清朝境内的乌兰布通,离北京只有三百公里。康熙二十九年(1690)八月,清军和准噶尔部在乌兰布通爆发大战,双方先以火枪和火炮相互射击,接着展开肉搏。最终,清军用火炮击溃了噶尔丹的"驼城"(以骆驼和木箱结成的阵势),获得了胜利。之后康熙举行会盟,将漠北正式纳入清朝的盟旗制度中。康熙还三次亲征准噶尔部,在漠北大败噶尔丹。到康熙三十六年,噶尔丹在逃跑中病亡。清朝与准噶尔部暂时达成了和平。

青藏地区此时被蒙古和硕特部统治,宗教上则以藏传佛教的达赖和班禅两位活佛为领袖。清朝对藏传佛教采取优容的态度。顺治时,五世达赖喇嘛到北京朝觐,得到顺治帝的册封。康熙五十二年(1713),派官员入藏册封五世班禅为"班禅额尔德尼",从此以后,历代达赖和班禅都受中央官府的册封和认定。清廷也借助达赖和班禅的威望,笼络笃信藏传佛教的蒙古诸部。后来西藏遭到准噶尔部入侵时,康熙还派妥大军进藏,驱逐了入侵者,妥善安排了西藏和青海地区的政治、宗教事务,大大加强了对青藏地区的控制。

康熙以强大的军事实力和高超的政治手段,维护了多民族国家的"大一统"。

康熙在68岁时去世,他的统治延续了61年之久,是中国历史上正式在位时间最长的皇帝,死后被尊为"圣祖"。他克服了重重挑战,到了晚年,清朝的统治逐步稳定,社会、经济、文化、军事等方面都走向兴盛,迈入了后世所称的"康乾盛世"。

"十全老人"的盛世

嘉庆元年(1796)春,在紫禁城的皇极殿举行了一场特殊而又盛大的宴会。这场宴会的参加者有5 900多位六十岁以上的老人,其中还有10余位一百岁以上的老寿星,因此被称作"千叟宴"。更重磅的参加者是两名皇帝——一是在正月刚刚登基的嘉庆皇帝,二是有"十全老人"之称的太上皇乾隆皇帝。乾隆(爱新觉罗·弘历)是清朝入关后的第四位皇帝,此时年届八十四岁高龄,已经统治了清朝长达60年之久。他,才是这场盛宴的主角。

时光倒回74年前,正值康熙在位第61年,此时乾隆的父亲、康熙第四子胤禛(后来的雍正帝)还只是雍亲王。这年,康熙在圆明园见到了时年十一岁的弘历。在皇爷爷面前,弘历表现得聪明敏捷,举止得体,加上他书读得不错,生辰八字又好,就被康熙带到宫中抚养。在康熙生命的最后一年,弘历陪伴在侧有半年之久,甚得他的喜爱,说这个孙子有"英雄气象",预示着弘历将来会成为大清的接班人。

在康熙统治的中后期,社会经济得到了巩固和发展,但晚年的康熙为政宽松,对官员的腐败采取"睁一只眼闭一只眼"的态度,并

"十全老人"的盛世

不深加追究,大大助长了贪污受贿之风。像明珠、索额图、徐乾学、高士奇等满汉大臣都聚敛了大量财富。吏治的败坏导致赋税征收不齐,各省应缴的钱粮出现亏空,其实大都是被各级官员所侵吞。同时,围绕皇位继承权爆发了斗争。有九位皇子卷入了这场斗争中,他们拉帮结派、勾结大臣,相互之间勾心斗角长达二十多年。

雍正朝服像

康熙死后,富有才干但擅于隐忍的皇四子胤禛继承皇位,是为雍正帝。雍正以"严苛"而出名,他以雷厉风行的肃杀手段整饬吏治,改革赋税制度,严厉打击结党的权臣、官员和争权的宗室诸王,扭转了康熙晚年出现的乱象。但也因此遭到了不少怨言,他本人也积劳成疾,才统治了13年后就猝然离世,把清朝交到了二十四岁的乾隆手中。

宽严相济

康熙和雍正给乾隆留下了丰厚的"家底"。经过半个多世纪的休养生息,清朝的人口、耕地、财政收入都前所未有地富足,国库存银2 400多万两。军事上,清军依然是一支劲旅,在雍正年间平定了青海和硕特部的叛乱,并大破进犯漠北的准噶尔部。雍正还留下了一个让乾隆能够如臂使指、乾纲独断的工具——军机处,由皇帝亲自挑选大臣组成,作为处理国家大政的最高中枢。明代是先由内阁对奏疏做出决策,再由皇帝批准。而军机处设立后,则由皇帝对军政事务做出裁决,军机处只能根据皇帝的旨意加以处理,自身并没有独立决策权。乾隆接手的就是这样一个国力强盛,并且权力牢牢掌握在他手中的国家。

乾隆是一个极其勤政的皇帝。他平时每天卯时(早晨5—7时)就起身,准备处理政务;当早朝的大臣们到达宫中,往往发现皇帝已经等候多时。在西部发生战事时,半夜他也依然亲自阅览送达的报告,并召军机大臣面授机宜。整个乾隆朝平均每年所处理的奏折,单单是汉文部分,就超过同以勤政著称的雍正两三倍。那么乾隆是怎么治国的呢?与康熙的"宽纵"和雍正的"严苛"不同,乾隆采取的是介于两者中间、宽严相济的方针。一方面,他宽恕了不少被雍正严惩的宗王和官员,因此得到了宽仁的美名;另一方面,他也是个明察秋毫、"恩威难测"的君主,对官员严加督责,严禁官员结党营私,大臣们都不得不谨慎、务实。对于老百姓,乾隆则表现出爱民、重农的一面。他刚即位,就宣布免除各地之前拖欠的钱粮,在统治时也先后五次免除全国百姓整年的赋税。他又免征农民新开垦土地的赋税,即使全国的耕地数增长到了10亿亩,赋税也依然是按照7亿亩的数额收取。除此之外,他还劝谕地主减免佃户的地租,以保障贫民的生存。发生灾害时,乾隆在赈灾上也毫不吝啬。从乾隆元年到十八年,拨给江南的赈灾款有2 480多万两,而整个雍正朝也才用了140多万两。康熙、雍正时,保障京师供应的"漕粮"被截留用以赈灾的有530多万石;而从乾隆元年到二十年,同样被截留的就高达1 320多万石。

康乾盛世

在乾隆治下,清帝国无论是社会经济、军事、文化都臻至极盛,达到了"康乾盛世"的顶峰。

当时农业发达,大量土地上种植的是桑树、棉花、茶叶、烟草、花生等经济作物,以进入市场。那么他们的口粮呢?自明中叶以来就有"湖广熟,天下足"的粮食生产格局,此时更是形成了全国性的粮食销售网络,从长江中游地区生产的粮食,被销往全国各地。湘潭、汉口、苏州等地都是著名的米市。而丝绸、棉布、瓷器、铜、煤、铁、木材、茶叶、食盐等商品的生产和贸易也都十分兴盛,广泛的商品交易在民

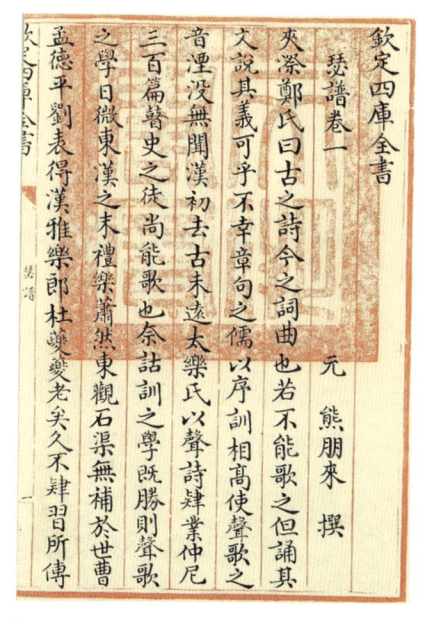

清乾隆时期编修的《四库全书》书影

间形成了 2 万多个大小集市,更有"第宅云连,市廛棋布"的京师(北京)、"贸易之盛,甲于天下"的苏州、"商贾毕集,帆樯满江"的汉口、"烟火万家,百货山聚"的佛山等商业都会,以及芜湖、扬州、江宁(南京)、杭州、广州等繁荣的城市。商业市场网络远达关外的卜魁(齐齐哈尔)和西北边陲的伊犁。

所谓"仓廪实而知礼节",乾隆又是个有点"文艺"的皇帝。他爱好诗、书、画,留下了近四万首诗作(虽然文学水平参差不齐);收集了大量书画作品供自己欣赏,并加盖印章、题字以示纪念(这也造成了对一些珍贵文物的破坏)。乾隆在文化上最大的成就是下令编纂《四库全书》。乾隆即位后,多次下令征集图书,乾隆三十八年(1773),他下令设立四库全书馆,从翰林院选拔学者,动用数千名负责誊录的抄写员,组织编纂中国历史上最大的丛书——四库全书。乾隆四十六年(1781),《四库全书》告成,总共收集了经、史、子、集四大类的图书共 79 070 卷,36 000 多册。到乾隆五十五年(1790),《四库全书》完成了 7 部抄本,分别藏在紫禁城中的文渊阁、圆明园文源阁、承德避暑山庄文津阁、盛京(沈阳)文溯阁、杭州文澜阁、镇江文宗阁、扬州文汇阁这七个藏书阁中。编纂《四库全书》在文化上是一场盛事,当时有很多文人学者如纪昀(纪晓岚)、戴震、邵晋涵、朱筠、王念孙、翁方纲、姚鼐等都参与其中,连提要性质的《四库全书总目》也成了后世重要的学术著作。

十全武功

有雄厚的国力支撑,乾隆在军事上也取得了辉煌的成功。在西北,他两次出兵西域,消灭了与清朝对峙近 70 年的准噶尔汗国,将天山南北纳入版图;之后又平定了新疆回部首领大小和卓的叛

清代仿古芙蓉石蟠螭耳盖炉
现藏于南京博物院

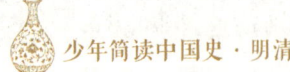

乱。在西南,清军击退了侵扰云南边境的缅甸,迫使其求和;两次出兵川藏交界,平定了大小金川土司的叛乱,在当地进行改土归流。在南方,清军镇压了台湾地区的天地会起义。在西藏,清军两次出兵击败入侵西藏的廓尔喀人;还制定了由朝廷委派的驻藏大臣对西藏事务进行监督、管理的体制,确立"金瓶掣签"制度,让驻藏大臣来对达赖和班禅的继任人进行认定。对外,还出兵越南,护送被推翻的越南君主复位。乾隆晚年亲自撰写了《十全武功记》,以夸耀自己在"武"方面的功绩,并以"十全老人"自称。

晚年的乾隆对自己的成就颇为得意,乾隆五十五年(1790),他在一首诗中说:

古稀六帝三登八,所鄙宋梁所慕元。
惟至元称一代杰,逊乾隆看五世孙。

历史上只有三个皇帝年纪超过了八十岁,其中宋高宗和梁武帝都是他所鄙视的(宋高宗流亡偏安江南终其一生,"菩萨皇帝"梁武帝于"侯景之乱"时饿死于宫中),剩下唯一称得上豪杰的元世祖忽必烈,比起乾隆自己来也少了"五世同堂"的成就。无论是从个人(高寿)、家庭(五世同堂)还是事业(盛世)角度来看,这位"十全老人"的自我感觉都是"诸福备膺,实为从古所未闻",幸福到了极致了。

秋狝与南巡

康熙和乾隆是清朝最为著名、成就最为显赫的两个皇帝。他们一个开启了"康乾盛世",一个把"盛世"推上了顶峰。而且,他们俩都热衷于两件事情:一是在秋天前往木兰围场(在今河北省承德市围场满族蒙古族自治县)打猎,二是六次南巡下江南。这中间的来龙去脉又是什么呢?

木兰秋狝

所谓"木兰秋狝"(狝 xiǎn,意为秋天打猎),肇始于康熙二十二年(1683)。这一年夏天,二十九岁的康熙出塞北巡,在漠南蒙古和承德之间发现了一处气候凉爽、水草丰美,有高山、峡谷、丘陵、草原等地形,林木茂盛,动物繁多的地方。康熙当即决定把这里划为围场,设立禁区,派驻兵丁守卫,从此每年都来这里进行围猎。围场的范围"周一千三百余里,东西三百余里,南北二百余里",面积达1万多平方公里。"木兰"是满语"哨鹿"的意思,是一种用哨声吸引野鹿进行狩猎的方法。这里有大量的野鹿,正是"哨鹿"的用武之地,所以整个围场就被称作"木兰围场"。

自康熙二十二年(1683)到嘉庆二十五年(1820),除了雍正帝在位时一次都没有前来围猎之外,康熙、乾隆、嘉庆三位皇帝一共亲自举行了多达 92 次"木兰秋狝",其中康熙 41 次,乾隆 40 次,嘉庆 11 次,可谓是一年一度的"保留节目"。木兰秋狝一般在农历八月举行,会派出多达 12 000 名士兵,还有宗室皇族、朝廷各部院官员随行,来到围场的区域内设立营帐。蒙古各部的王公贵族也会前来参加。

清郎世宁绘《阿玉锡持矛荡寇图》卷　原件现藏于台北故宫博物院

围猎分为布围、观围、行围、罢围四个阶段。开始的当天,天还没亮,参加围猎的八旗和蒙古部队就按照方位次序逐渐展开,形成严密的包围圈,把野兽围在圈内。这就是"布围"。布围完成后,会由皇帝"观围",检阅参加围猎的队伍检阅,并查看被围的野兽多寡——如果被围的野兽过多,就会"网开一面",放出一些野兽,让其日后得以恢复繁殖。皇帝"观围"结束后,就开始"行围",也就是真正的狩猎阶段了。先由皇帝一人尽情驰猎,侍卫们则带着猎鹰、猎犬、弓箭跟随其后,进行辅助和护卫。等到皇帝打够了之后,就是皇子皇孙、王公大臣、八旗将士们驰骋狩猎的时间了。而皇帝则在一旁观察他们的表现。之后经过追击、阻截、聚歼,将包围圈内的野兽狩猎殆尽。如果在过程中发现有熊、虎等猛兽,则会立即报告皇帝,由皇帝亲自前来指挥捕杀。行围结束后就是罢围,会统计战绩,由皇帝对表现勇猛优异者颁下赏赐。如果有队伍不整、胆怯懦弱者,则会受到惩处。

在秋狝期间,皇帝会设宴款待聚集在此的蒙古王公贵族,蒙古人则会举办蒙古风格的"塞宴"。皇帝、皇子皇孙、王公、朝廷大臣也都参加。"塞宴"有四事,一是带有马戏和赛马色彩的竞技比赛

清冷枚绘《避暑山庄图》,避暑山庄建成后,几乎每年夏天皇帝都会离开炎热的紫禁城,来到这里住上一段时间,因此成了那段时间里非正式的临时首都。

"诈马";二是表演蒙古的音乐和舞蹈的"什榜";三是摔跤对抗赛"布库";四是驯服马驹的表演"教驷"。蒙古王公籍"塞宴"表达了对朝廷的忠诚,同时也以草原上的方式拉近了满蒙贵族之间的关系。

看到这里,就可以明白为什么康熙、乾隆等皇帝对木兰秋狝如此热衷。乾隆曾说他开展木兰秋狝的目的一是遵循祖制,二是习武练兵,三是怀柔蒙古。清朝的统治主体——满族原本就是以骑马射猎见长的民族,大规模围猎的过程,既是娱乐,也是一场声势浩大的军事演习,既可以在众人面前彰显勇武,又能检验马背上的功夫,维持满人的传统。同时这也是笼络和清朝同为游牧民族的蒙古人的重要方式。在木兰秋狝的狩猎和盛宴中,清朝的君主不再像传统中原王朝的皇帝,而更像统领草原牧民的大汗。在这里,我们可以看到清朝身上属于北方游牧文明的一面。

而在另一个事情上,我们却看到康熙和乾隆的形象有了180°的大转弯,这就是南巡。

康熙南巡

就在初次木兰秋狝的第二年(康熙二十三年,1684),三十岁的康熙启程开始了他的第一次南巡。他经由山东南下,一路上登了泰山,在江苏视察黄河河防,继而抵达了苏州、江宁(南京),并亲自前往拜谒了明太祖朱元璋的孝陵。回程时,康熙来到曲阜的孔庙祭孔,在大成殿向孔子行三跪九叩之礼,并亲自题写了"万世师表"匾额。之后返回了京师。

五年后(1689),康熙第二次南巡。这一次当他乘坐的船停泊在扬州,扬州城"民间结彩欢迎,盈衢溢巷"。后来康熙抵达浙江,在杭州叫停了民间为他建碑亭以歌功颂德的举动;在绍兴,康熙祭拜了大禹陵,行九叩之礼。去程和回程时,康熙也都视察了黄河、淮河、运河的河防。

在之后的18年里,康熙又进行了四次南巡。他每次都视察沿途河防与地形,多次祭拜了明孝陵,还又登了一次泰山。除此之外,在六次南巡中,康熙还留心考察官吏、体察民间疾苦。康熙的六次南巡,一方面是为了实地考察黄河、淮河、运河的形势,制定治河的方略。甚至康熙自己都把治理水患作为自己数次南巡的首要目的。祭拜大禹陵,似乎也象征着他期盼治水成功的心理。但另一方面,康熙也有其背后的政治目的。清军入关以来,江南地区抵抗激烈,杀戮惨重,而江南的士大夫对作为异族的清朝统治者内心存在着抵触心理。康熙一路上祭拜了在汉人文化中具有重要意义的明太祖朱元璋、孔子、大禹,安抚江南民众,代表他接受了儒家文化,有心化解满汉之间的历史积怨。这些举措为他赢得了民心,尤其是得到了文人士大夫的认可。在他们眼里,一个汉化的"圣君"形象树立了起来。

乾隆南巡

到了康熙的孙子乾隆在位时,又再度进行了六次南巡。乾隆基本上是沿着康熙的路线南巡的,他同样也视察了河防、海塘工程,祭拜明孝陵、孔子、大禹陵,整顿吏治,减免赋税,笼络士大夫等等。但和康熙不同,乾隆时,清朝对汉地的统治已经十分稳固,因此游玩和炫耀的成分大大增加了。乾隆前四次南巡,都是以带着皇太后游玩的名义下江南的,他自己也"眺览山川之佳秀,民物之丰美",在江南的美景中流连忘返。乾隆南巡的排场也远远超过了

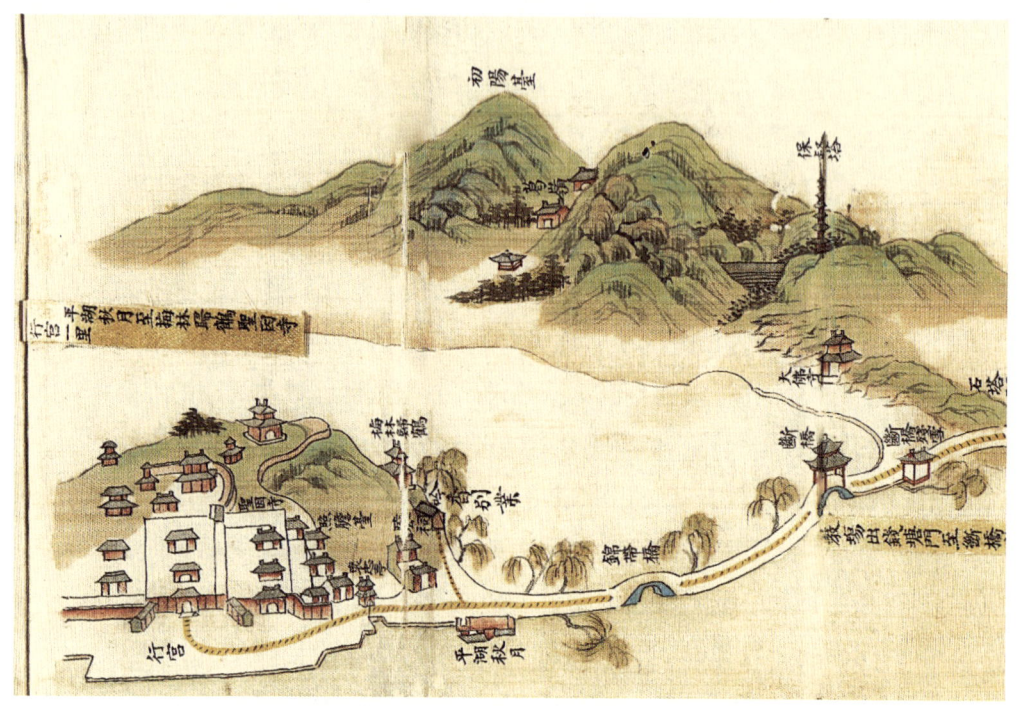

《自杭州行宫游西湖道里图说》（局部），此图是为乾隆南巡江南、游历杭州所绘制

康熙,他一路带着后妃、王公、大臣等随行,人员多达2 500人,沿途修建了30多座行宫。因而他的六次南巡,一共耗费了2 000多万两白银。乾隆晚年曾不无后悔地说,自己六次南巡是"劳民伤财,作无益,害有益"。但总的来看,和康熙南巡一样,乾隆南巡也大大加强了人们对他的拥戴,加强了这个最为富庶的地区对清朝的向心力,"乾隆下江南"也成了众多民间故事的素材,可见一斑。同时他还多次检阅了在江南的八旗驻军,以耀武扬威的方式向江南展示自己统治的力量。

在康熙和乾隆的南巡中,无论是康熙对孔子、大禹、明太祖的尊重，还是乾隆南巡展示的帝王权威，都让人看到了清朝皇帝重视汉文化、关心百姓疾苦的"仁君""圣君"一面。就这样，南巡也成了清朝君主维系帝国的手段。乾隆曾认为自己五十年来所做的两件大事，"一曰西师，一曰南巡"，把南巡同平定准噶尔并列，可见在他眼里，南巡对于维持清王朝的"大一统"的重要性。

清朝既统治了中原汉地，又长期牢牢控制了蒙古、新疆、西藏等地区。清朝的君主既有草原大汗的一面，又有传统中原王朝皇帝的一面，或许这种灵活的特性，正是他们能够长期保持"大一统"的秘密所在。

> **文|化|小|札**
>
> ### 避暑山庄
>
> 康熙四十年（1701），康熙在木兰秋狝回京途中发现了一处风景"蔚然深秀"且无人居住的地方，于是决定在此建立行宫，这就是后世的避暑山庄。到了乾隆在位时，避暑山庄才基本竣工，内有七十二景，并在外围修建了被称作"外八庙"的寺庙。由于这里处于长城之外，又在木兰围场附近，很多和蒙古、新疆、西藏等边疆相关的事件都在此发生。乾隆曾在这里接见千里迢迢从俄罗斯伏尔加河流域东归的土尔扈特部领袖，以及西藏地区宗教领袖六世班禅等等。此外还有外交要务，如马戛尔尼带领的英国第一个访华使团，也是在这里得到乾隆的接见。

始信须眉等巾帼

在明清时代，除了后妃、贵妇，一个平凡女性能达成什么成就吗？事实是，很难。当时无论是文（科举仕途）还是武（将领官兵）都为男性所垄断。那女性能做什么呢？以晚清名臣曾国藩为家中女眷制定的每日"功课表"为例：每天早饭后，要去做小菜点心酒酱之类"食事"；巳午刻（上午9—11点），做纺花或绩麻等"衣事"；中饭后，做针线刺绣之类的"细工"；到了酉刻（傍晚5—7点），还得做男鞋女鞋或缝衣等"粗工"直到夜晚。曾国藩的夫人作为女主人，要亲自督促、验工。他还说："吾家男子于看书写作四字缺一不可，妇女于衣食粗细四字缺一不可。"可见当时女性的主要职责被限制在家庭之内。除此之外，三从四德、缠足陋习也限制、摧残着当时的大众女性。但在这种"逆境"下，依然有一些平凡的女性，做出了不平凡的成就，譬如清代的王贞仪和郑一嫂。

王贞仪

王贞仪，祖籍安徽天长，后来迁居江宁（南京），因此后来自号"江宁女史"。她生于乾隆三十三年（1768），死于嘉庆二年（1797），一生只度过了29个春秋。在当时的江南，士大夫家庭的女性会从

始信须眉等巾帼

"闺塾师"那里学习诗文书画,形成了一种"才女"文化。王贞仪精通天文、数学、医学、诗文,是少见的"全能型"才女。王贞仪出身于一个有家学渊源的读书人家庭,她的祖父学识渊博,为官刚直清正,因而多次获罪;她的祖母和母亲同样出身书香门第;她的父亲科举不成,转而行医。因而她从小就跟随祖父学习天文、数学,从祖母那里学习诗文,又跟父亲学习医术。后来她的祖父被流放到关外的吉林,于是王贞仪十一岁时,跟着祖母远赴关外。关外是满、蒙等族聚居的地方,来自江南的王贞仪在那里不仅继续学习诗书,还跟着一位蒙古将军的夫人学习骑射,"发必中的,每角射,跨马横戟,往来若飞",称得上是英姿飒爽,文武兼修。祖父去世后,王贞仪跟着父亲四处行医,游历了全国各地,"东出山海,西游临潼,而复历吴、楚、燕、越之地,经行不下数万里"。用她自己的诗句

清郎世宁等绘《亲蚕图》卷(局部),描绘了清乾隆九年孝贤纯皇后行亲蚕礼的场景原件现藏于台北故宫博物院

来说是:"足行万里书万卷,尝拟雄心胜丈夫。"这些经历,为王贞仪将来在各个方面的成就奠定了基础。

王贞仪对当时"才女"们华而不实的脂粉文学不屑一顾,"目前之所称名媛才女者,亦不足以究深学、知大道"。她感兴趣的,是科学。她原本跟随祖父学习天文、历法、计算等方面的知识,祖父去世后,留下了多达75橱的藏书,王贞仪就博览群书,潜心自学。她在天文学上做了不少研究,涉及黄道赤道、岁差(地球公转中回归年和恒星年周期之差)、月食、地圆说、日心说、历法等问题。她的很多见解都领先于同时代的大多数人,如当时绝大多数人依然认为"天圆地方",觉得大地是平的,无法理解地球是圆形的概念。王贞仪在《地圆说》中指出,这是因为大地广阔,经过她的计算,每二百五十里才会相差一度,所以人们才察觉不到倾斜变化。王贞仪还根据观测,提出了金星、水星、火星、木星、土星等行星都是围绕太阳运行的观点,虽然晚于欧洲提出"日心说"两百多年,但在当时的中国也是独树一帜的。王贞仪还经常用实践来帮助思考问题,为了搞清楚月食的原理,她曾用吊灯、桌子、镜子分别代表太阳、地球、月球,通过不断移动,模拟月食的场景。最后她搞清楚了其中的规律,写出了《月食解》并配上插图,其见解与现代天文学一致。王贞仪的天文历法研究离不开对数学计算方法的掌握。她精通清初数学家梅文鼎的著作和西洋传入的三角测量等方法,并亲自下笔,用深入浅出的文字对其加以阐释,大大有助于数学知识的普及。王贞仪并不是单纯地做书斋研究,她还经常通过观测来预告天气,"言晴雨丰歉辄验",对阴晴风雨和丰收旱涝的预测时常应验。除了科学方面的成果之外,王贞仪还是著名的女诗人,留下了

清代《靖海全图》(局部)　原件现藏于香港海市博物馆

400多首诗词,被袁枚称赞为"俱有奇杰之气,不类女流"。

王贞仪二十五岁时结婚,丈夫是一名与她志同道合的读书人,生活中还协助王贞仪整理书稿。当时甚至还有书生慕名而来向她学习诗文。但王贞仪也听到了一些质疑的声音:"妇人女子,唯酒食缝纫是务,不当操管握觚,吟弄文史翰墨为事。况妇女不以名尚,今之哀然成集也,其意何哉?"说妇女不该舞文弄墨,还说她是在沽名钓誉。对此,王贞仪反驳道:"今世迂疏之士,动谓妇人女子不当以诵读吟咏为事,夫同是人也,则同是心性,六经诸书皆教人以正性明善、修身齐家之学,而岂徒为男子辈设哉!"认为男女的心性没有差别,男性能学的,女性也能学,她就此发出了振聋发聩、主张"男女平等"的声音。更何况,当时的读书人思想被科举禁锢,钻研的是八股、理学,王贞仪在科学领域的造诣,已经远超绝大多数人,甚至遥遥领先于那个时代。因此,尽管婚后4年王贞仪就因病去世，她的大部分著作也散佚了，但她流传下来的成就，已经足以让她作为清代卓越的女科学家而载入史册。2000年，国际天文学联合会就把一颗小行星命名为王贞仪星。

如果说王贞仪是作为科学家、才女而闪耀的，那么就在她去世的同时代，另一个女性以完全相反的角色在华南的海上崛起。这就是有"龙嫂"之称的郑一嫂。

王贞仪出身于文人士绅阶层，是作为才女、科学家而闪耀的。那么底层的女性，在那个时代又能有什么作为呢？

郑一嫂

郑一嫂本名石香姑，广东宝安人。在当时的广东、福建沿海，生活着名为"疍家"的水上族群。他们生活在船上，平时不能上岸，以打渔、采珠、水运等为生。疍家被大众视为"贱民"，处于社会底层，受到官府和豪绅的压榨，生活十分困苦。石香姑是疍家人，年纪轻轻就困于生计，直到有件事改变了她的命运——在一次袭击中，她被郑一率领的"海盗"掳走。

18世纪晚期，由于腐朽清政府的压迫和盘剥，加上人口激增带来的民生压力，包括疍家在内的一些沿海贫民被迫下海，干起了一些不被官方许可的营生，被官府视为"海盗"。后来形成了六个大规模的"海盗"帮派，他们不仅与官府作对，还敢于攻击、劫掠横行南海的西方殖民者。其中实力最强的就是以郑一为首的"红旗帮"，全盛时期有至少600艘船、2—4万部下。石香姑后来成了郑一的妻子，被称为郑一嫂。过了几年，郑一意外死于飓风，"红旗帮"陷入了群龙无首的境地。此时32岁的郑一嫂得到了郑一亲族和部下的支持，以郑一遗孀的身份控制了局面。此后，她提拔了郑一的部下、精明强干的张保仔,并与之结为夫妇。张保仔在名义上成为了"红旗帮"的领袖,但实际上,郑一嫂才是真正的领导者。

地位巩固之后,郑一嫂颁布了法令,以纪律约束手下的行动,同时还严禁侵犯妇女;对于劫掠获得的战利品,分为"天""地""人"三份,"地"这份藏在偏僻岛屿的山洞中,"人"这份在团体内部瓜分,而"天"这份则分给老百姓。可见,虽然被称为"海盗",但他们并没有忘记自己劳苦贫民的出身。

中国式帆船耆英号,曾远航英国、美国

为了打败张保仔和郑一嫂,清廷采取封锁港口、坚壁清野的政策,甚至还邀请葡萄牙、英国等为其助战。当时香港的赤沥角是"海盗"们的避风港,嘉庆十四年(1809)冬,朝廷的水师在赤沥角将张保仔和郑一嫂带领的"海盗"们包围了九天,结果"海盗"们还是成功突围，扬长而去。郑一嫂的威名还传到了西方，英国东印度公司的一位船长格拉斯普尔曾被郑一嫂的手下绑架，并以人质的身份亲身经历了赤沥角之战。通过他获释之后写的回忆录，西方人都知道了这么一位强大的中国女"海盗"。直到今天，郑一嫂的形象还时常在欧美关于近代海上人群的文学、影视作品中出现。

郑一嫂还是个极具审时度势眼光的人。当时各个"海盗"团伙之间内斗不断，加上朝廷的封锁，她觉得做海盗始终不是长久之计。就在赤沥角之战后不到半年，郑一嫂只带了贴身女眷，赤手空拳前往广州，与两广总督谈判。最终达成协议，张保仔和郑一嫂带着手下包括妇孺共计 17 000 多人、船 226 艘、炮 1 315 尊、兵器 2 798 件向朝廷投诚。于是张保仔摇身一变，成了朝廷官员，郑一嫂也得到了敕封。张保仔去世后，郑一嫂带着孩子在广东安享晚年。

郑一嫂与普通意义上的海盗、贼寇不同，她的贫苦出身和"侠义"风骨在当时得到了大众的尊敬。后来鸦片战争爆发时，人们还传说她为林则徐出谋划策抵抗英国侵略者，可见她在百姓心中的分量。

王贞仪、郑一嫂在文、武两方面的成就，甚至超过了当时大多数的男子。正如王贞仪的一句诗说的："始信须眉等巾帼，谁言儿女不英雄？"她们代表了两百多年前，不同阶层女性无法被掩盖的光辉。

明清大事年表

公历(年)	重要事件
明	
1368	朱元璋在南京称帝,建立明朝,年号洪武
1398	朱元璋病逝,明惠帝朱允炆即位,年号建文
1402	明成祖朱棣即位,年号永乐
1405	郑和第一次下西洋
1421	迁都北京,南京成为留都
1425	明宣宗朱瞻基即位,年号宣德
1449	土木堡之变,明英宗被俘,明代宗朱祁钰即位,年号景泰,于谦领导北京保卫战
1464	明宪宗朱见深即位,年号成化
1487	明孝宗朱祐樘即位,年号弘治,明朝再度繁荣,史称"弘治中兴"
1521	明世宗朱厚熜即位,年号嘉靖,大礼议之争开始
1572	明神宗朱翊钧即位,年号万历
1573	明朝首辅张居正推行改革,积极推动"一条鞭法"
1615	发生了明朝三大案之一的袭击太子的"梃击案"
1616	努尔哈赤即大汗位,建立后金政权,年号天命

(续表)

公历(年)	重要事件
1619	发生萨尔浒之战,明朝大军被后金军打败
1620	明光宗朱常洛即位,年号泰昌,因服用红丸而去世,被称为"红丸案",接着发生了东林党人逼李康妃离宫的"移宫案"
1620	明熹宗朱由校即位,年号天启
1626	袁崇焕在宁远大败努尔哈赤,史称"宁远大捷",努尔哈赤重伤,不久去世
1627	明思宗朱由检即位,年号崇祯,以大太监魏忠贤为首的阉党势力被清除
清	
1643	清世祖爱新觉罗·福临即位,年号顺治
1644	农民起义领袖李自成在西安称帝,国号大顺,改元永昌,3月攻入北京,4月和吴三桂在一片石大战,被吴清联军打败
1661	郑成功收复台湾
	清圣祖爱新觉罗·玄烨即位,年号康熙
1673	吴三桂起兵造反,史称"三藩之乱",八年后被平定
1689	中俄签订《尼布楚条约》
1722	清世宗爱新觉罗·胤禛即位,年号雍正
1735	清高宗爱新觉罗·弘历即位,年号乾隆
1799	嘉庆亲政,大贪官和珅被赐死
1839	钦差大臣林则徐在广东虎门销毁鸦片
1840	英国发动鸦片战争,历时两年结束,签订了中国近代史第一个不平等条约《中英南京条约》
1842	魏源写成《海国图志》初稿,提出"师夷长技以制夷",后两次修订
1851	洪秀全在广西桂平县金田村发动了起义,建立太平天国
1856	洪秀全命令北王韦昌辉杀了东王杨秀清,史称"天京事变"
	英国、法国发动第二次鸦片战争
1860	英法联军攻入北京,火烧圆明园,清政府被迫签订《北京条约》等一系列不平等条约

(续表)

公历(年)	重要事件
1864	天京被湘军攻破,太平天国起义失败
1878	清军收复和田,左宗棠收复新疆之战结束
1895	清政府被迫和日本签订丧权辱国的《马关条约》
1898	光绪帝在康有为、梁启超等人支持下发动戊戌变法,仅一百零三天即失败
1899	发生了反抗西方侵略者的义和团运动
1900	八国联军攻入北京
1908	清末代皇帝爱新觉罗·溥仪即位,年号宣统

图书在版编目(CIP)数据

少年简读中国史. 明清 / 周峤，郑晓宾著. —— 2 版. —— 南京：南京大学出版社，2024.6
ISBN 978 - 7 - 305 - 26988 - 2

Ⅰ. ①少… Ⅱ. ①周… ②郑… Ⅲ. ①中国历史—明清时代—少年读物 Ⅳ. ①K209

中国国家版本馆 CIP 数据核字(2023)第 091400 号

出版发行	南京大学出版社
社　　址	南京市汉口路 22 号　　邮　编　210093
书　　名	少年简读中国史·明清 SHAONIAN JIANDU ZHONGGUOSHI · MING-QING
著　　者	周峤　郑晓宾
责任编辑	黄隽翀　　　　　　　　编辑热线　025 - 83593963
项目策划	王　静　王　俊　　　　装帧设计　陆思洋
摄　　影	王　腾　陆思洋　　　　插　　画　蒋汉珺
照　　排	南京南琳图文制作有限公司
印　　刷	南京玉河印刷厂
开　　本	787 mm×1092 mm　1/16 开　印张 8.5　字数 95 千
版　　次	2024 年 6 月第 2 版　2024 年 6 月第 1 次印刷
ISBN	978 - 7 - 305 - 26988 - 2
定　　价	29.80 元

网址：http://www.njupco.com
官方微博：http://weibo.com/njupco
官方微信号：njupress
销售咨询热线：(025) 83594756

* 版权所有，侵权必究
* 凡购买南大版图书，如有印装质量问题，请与所购
　图书销售部门联系调换